현대 사회
연대별포

HOW TO SURVIVE THE MODERN WORLD

Copyright © 2021 by The School of Life
All rights reserved.

Korean translation copyright © 2024 by sphereIN Co., Ltd.
Korean translation rights arranged with United Agents LLP through EYA Co., Ltd.

이 책의 한국어판 저작권은 EYA Co., Ltd.를 통한
United Agents LLP사와의 독점 계약으로 스피어인에 있습니다. 저작권법에 의하여 한국 내에서
보호를 받는 저작물이므로 무단전재 및 복제를 금합니다.

불안정한
시대를 이해하고
평온함을 찾는 법

알랭 드 보통 & 인생학교 지음
최민우 옮김

현대 사회 생존법

How to Survive the Modern World

THE SCHOOL OF LIFE

spherein

일러두기

1. 단행본과 정기간행물은 겹낫표(『 』), 단편이나 기사, 논문은 홑낫표(「 」), 회화와 극, 영화는 홑화살괄호(〈 〉), 곡명은 새발톱표(' ')로 표기했다.
2. 본문에 언급된 원전의 제목은 최초 언급 시에만 원제를 병기하고 모두 한국어로 표기했다. 이때 한국어 번역본이 있는 것은 해당 책 제목을 사용했다.
3. 주석은 모두 옮긴이의 것이다.
4. 맞춤법과 외래어 표기는 국립국어원의 용례를 따랐다. 다만 국내에서 이미 굳어진 명사의 경우에는 통용되는 표기를 사용했다.

Contents

	들어가며	6
1	소비 자본주의	22
2	광고	40
3	물질주의	60
4	매체	66
5	민주주의	88
6	가족	112
7	사랑	126
8	성	138
9	외로움	154
10	일	172
11	개인주의	182
12	조용한 삶	190
13	바쁨	200
14	추함	206
15	교육	220
16	완벽주의	228
17	과학과 종교	240
18	자연	264
	나가며	280

들어가며

Introduction

18세기 중엽 이후로, 사람들은 자신들이
기존의 어떤 시대와도 근본적으로 다른 시대를
살아가고 있다는 사실을 깨닫게 되었다. 이러한
인식은 유럽의 북쪽에서 시작되어 세계 각지로
퍼져 나갔다. 사람들은 경외와 존경을, 또한
미래에 대한 두려움과 과거에 대한 향수를 담아
그 시대를 '현대 시대the modern age', 혹은 보다
간단명료하게 '현대modernity'라 일컬었다. 이제
우리는 현대에 거주하는 주민이다. 새로운
시대의 사고방식과 관념은 작은 마을에서부터
외딴섬에 이르기까지 샅샅이 영향을 미쳤다.

우리는 정치, 종교, 기술, 패션, 과학, 예술 등을
따라가 봄으로써 현대 세계로 나아가는 과정을
파악할 수 있다. 이 모든 것이 의식의 변화,
즉 우리의 사고와 감정에 큰 변화를 가져왔다.
현대가 형성되는 과정에서 삶의 많은 부분이
변화를 겪었다.

1951년 RM-10 로켓의
보조 추진 장치를 측정하는 나사
(NASA)의 기술자.

1 ── 세속화

현대성의 큰 특징 중 하나는 신앙의 상실, 즉 신성神性의 힘이 인간의 일상에 개입한다는 믿음의 상실일 것이다. 현대 이전의 시대에서는 적어도 삶의 절반이 신 혹은 영靈의 손에 달려 있으며, 신이나 영은 기도와 희생 제물을 통해 달랠 수 있으며 복잡한 형태의 숭배와 복종을 요구한다고 믿었다. 하지만 이제는 이성을 통해 자연 현상을 이해하기 위해 우리의 에너지를 쏟고 있다. 더 이상 전조나 계시, 저주나 예언은 존재하지 않으며, 미래는 사원이 아닌 연구소에서 결정될 것이다. 심지어 명목상으로는 신앙인이라 하더라도 그가 이의를 제기할 대상은 높은 수준의 물리학자나 암 전문가일 것이다. 신은 죽었고, 현대가 그를 살해했다.

2 ── 진보

현대 이전의 사회에서는 역사를 순환이라는 맥락에서 예상했다. 전진하는 역동성에 대해 말하는 일은 없었다. 사람들은 예전에도 그랬듯 나쁜 것은 늘 나쁠 거라고, 혹은 좋은 것은 늘 좋을 거라고 상상했다. 인간사에서 변하는 건 계절뿐이었다. 제국들이 흥하다가 기울고, 풍족한 시절과 궁핍한 시절이 번갈아 찾아오지만, 근본은 늘 그대로일 거라고 여겼다. 하지만 현대적인 마음가짐이란 우리가 예전의 것을 계속해서 능가할 거라고 믿는 것이다. 국가의 부, 지식, 기술, 정치 제도, 그리고 가장 넓은 의미에서 우리의 성취 능력이 꾸준히 증가하리라 믿는 것이다. 우리는 되풀이되던 고통의 사슬을 끊어냈다. 시간이란 헛되이 도는 쳇바퀴가 아니라 완벽의 가능성을 품은 미래를 향해 겨누는 화살이다.

3 —— 과학

우리는 신을 방정식으로 대체했다. 과학은 우리에게 우리 스스로에 대한, 자연의 수수께끼에 대한, 그리고 궁극적으로는 죽음에 대한 지배권을 줄 것이다. 고도로 난해한 계산과 미세 회로 내부의 전기적 경련은 우주의 지도를 그리고, 우주를 파악하는 데 도움을 줄 것이다. 불멸할 방법을 알아내는 건 이제 시간문제다.

4 —— 개인주의

현대인으로 산다는 것은 역사, 선례, 공동체의 요구를 내던진다는 뜻이다. 우리는 가족이나 전통에 의해 규정되기보다는 우리의 정체성을 직접 빚어낼 것이다. 누구와 결혼할지, 어떤 직업에 종사할지, 성 정체성을 무엇으로 규정할지, 어디에 살고 어떻게 생각할지를 직접 선택할 것이다. 자유로이 살 수 있으며, 마침내 온전한 '자신'이 될 수 있다.

5 —— 사랑

우리는 낭만주의자다. 영혼의 단짝, 즉 과감한 성적 파트너이자 믿음직한 공동 양육자인 동시에 자상한 동료가 되어줄 이상적인 친구를 찾아 헤맨다. 우리는 냉담함과 감정적 거리에 맞서 저항한다. 더 이상 관계 초기의 연대감이 남아 있지 않은 불행한 결합 상태에 머무르길 원치 않는다. 영혼의 쌍둥이를 찾기 위해 어떤 노력이나 희생이든 감수할 것이다.

6 —— 도시

시골 마을의 비좁은 삶이라면 충분히 겪었다. 해가 진다고 바로 잠자리에 들거나, 인간관계를 학교 동창에 한정 짓고 싶지 않다. 현대 국가의 인구 중 85퍼센트가 속해 있는, 환한 조명이 찬란하

게 빛나는 도시로 가고 싶다. 그곳에서는 군중 속에 섞일 수도 있고, 지하철에서 사람들의 얼굴을 관찰할 수도 있다. 낯선 음식에 도전해 볼 수 있고, 직업을 바꿀 수 있으며, 공원에서 책을 읽을 수도 있다. 머리 모양을 다시 생각해 볼 수 있고, 박물관에 갈 수 있으며, 처음 보는 사람과 잘 수도 있다.

7 —— 일

우리가 현대적인 까닭은 그저 돈을 벌기 위해서가 아니라 우리의 개성을 발전시키고자, 즉 우리의 독특한 재능을 연마하고 진정한 자아를 찾기 위해 일하기 때문이다. 우리는 조상들이었다면 모순적이라고 생각했을 목표를 추구한다. 우리가 사랑할 수 있는 일 말이다.

귀스타브 카유보트,
〈유럽의 다리〉, 1876년

8 ─── 자연

현대 이전의 사람들은 자연에 무척 근접해 살았다. 그들은 냉이를 식별하고, 족제비쑥을 조리하는 법을 알았다. 제비가 언제 나타나는지, 쇠부엉이 울음소리가 어떤지 분간할 수 있었다. 그들은 자연을 힘 있는 신처럼 숭배했다. 하지만 현대인은 밤하늘 앞에서 떨지도 않고, 떠오르는 태양에 감사할 필요도 느끼지 않는다. 자연 현상에 품었던 경외심으로부터 자유로워졌다. 폭포보다는 기술이 주는 숭고함을 더 생생하게 느낀다. 24시간 운영되는 슈퍼마켓은 현대적인 배경의 상징으로서, 환하게 조명을 밝히고 일곱 대륙에서 생산된 제품으로 가득 채운 채 지리적인 장벽에, 밤이라는 장애물에 자신만만하게 맞선다. 우리는 자메이카에서 공수한 석류와 사하라사막 남쪽의 대초원에서 가져온 대추를 먹는다.

9 ─── 속도

대부분 역사에서 최고 속도란 인간의 발에, 아니면 기껏해야 말馬이나 범선의 속도에 의해 결정되었다. 런던에서 에든버러까지 가는 데 걸어서 3주 정도가 걸렸다. 사우샘프턴에서 시드니까지 항해로 넉 달이 걸렸다. 18세기 스페인에서는 대부분 자기가 태어난 곳을 중심으로 반경 25킬로미터 이내에서 죽었다. 오늘날 26시간 이내에 못 갈 정도로 먼 곳은 없다. 초속 17킬로미터로 움직이고 있는 우주 탐사선 보이저 1호는 발사된 행성으로부터 212억 킬로미터 떨어진 곳에서 항성 간 공간을 탐사하고 있다.

안드레아스 구르스키,
〈노동절 V〉, 2006년

현대에 일어난 상당수의 변화는 무척이나 흥미진진하며, 심지어 짜릿하기까지 하다. 광케이블이 지구를 둘러싸고, 위성은 우리를 도시에서 도시로 안내하며, 새로운 생각들이 종래의 경직된 가정을 뒤엎는다. 공항이 땅에서 마술처럼 출현하고, 화학과 물리학이라는 프로메테우스적 힘에 의해 막대한 에너지가 풀려난다. '현대'는 여전히 화려한 매혹, 욕망, 야심 찬 열망의 상태를 암시하는 단어다.

하지만 그와 동시에, 현대의 도래는 비극의 역사이기도 하다. 우리의 새로운 자유는 무척 비싼 대가를 치르고 얻은 것이다. 집단적 광기 혹은 행성 차원의 절멸에 이렇게 가까이 접근한 적이 없었다. 현대성은 우리의 내면과 외면의 풍경을 사정없이 황폐화시켰다. 이 재앙의 양상을 일곱 가지 영역에서 찾을 수 있다.

1 ── 실패

19세기 후반, 프랑스 사회학자 에밀 뒤르켐은 전통 사회와 현대 사회의 본질적인 차이에 대해 놀라운 발견을 했다. 전통 사회의 경우, 작은 공동체를 이루어 살면서 생계 수단의 진로가 신의 손에 달려 있다고 여겼다. 개인적인 성취에 대한 기대가 적었기 때문에 실패의 순간이 닥쳐도 괴로움의 한계가 정해져 있었다. 좌절이 한 인간으로서의 가치 전체에 대해 내려지는 평결처럼 보이지는 않았다. 사람들은 완벽을 기대하지 않았으며, 불운한 일이 일어나도 자신을 혹독하게 비판하는 식으로 반응하지 않았다. 그저 무릎을 꿇고 하늘에 애원할 뿐이었다. 하지만 뒤르켐은 현대 사회가 스스로 실패를 인정한 사람들에게 훨씬 더 잔혹한 대가를 요구한다는 사실을 깨달았다. 이 낙오자들은 더 이상 불운 탓을 할 수 없으며, 내세에서 구원받으리라는 희망도 품을 수 없었다. 마치 책임질 사람은 오로지 한 명뿐이그 적절한 대응도 하나뿐인 듯 말이다. 현대성에 대한 중요한 고발장이라 할 수 있는 책[•]에서 뒤르켐이 밝힌 것처럼, 현대 사회의 자살률은 전통 사회의 열 배에 이른다. 현대인은 성공에 더 많이 열광할 뿐만 아니라 실패할 경우 훨씬 쉽게 목숨을 끊는 경향이 있다.

> • 뒤르켐의 저서 『자살: 사회학적 연구 Le Suicide』(1897년)를 가리킨다. (변광배 옮김, 세창출판사, 2021년)

2 ── 신경쇠약

이 단어는 19세기 중반, 현대적 상황에 의해 야기된 듯 보이는 독특한 마음의 병을 설명하기 위해 고안되었다. '미국식 신경과민'이라고도 알려진 이 증상은 도시에서의 삶, 즉 군중에 동요되고, 신문에 과잉 반응하고, 선택에 지쳐 나가떨어지고, 자연과는 단절되며, 기대에 광분하는 삶과 관련 있다. 이를 치료하기 위해 찬물 목욕, 압박 붕대, 시골 산책, 가벼운 전기 자극, 몸통을 벨트로 꽉 조이기, 채소로만 구성된 식단, 오랫동안 침묵하기 등 수많은 방법이 등장했다. 별난 치료법도 있었지만, 병 자체에 대한 분석은 정확했다. 즉 현대인이 된다는 것은 차분한 상태를 꾸준히 유

베르트 모리조,
〈사색에 잠긴 쥘리〉, 1894년

지탱할 수 있는 능력을 강탈당한 것이나 마찬가지다. 바로 조금 전에 이 행성 곳곳에서 벌어진 온갖 사건에 대한 최신 뉴스들, 그러니까 참수, 뱅크런, 정부의 국가 운영 대실패, 영화 시사회, 총기 난사, 게릴라 활동, 원자력 사고, 경솔한 성적 언동 등의 소식에 늘 공격당한다. 우리는 항상 연결된 상태이고, 인지 상태에 처해 있다. 오늘날 평균 수준의 열두 살 아이는 셰익스피어보다 2억 권 더 많은 책에 접근할 수 있다. 이론적으로 사람이 세상 모든 책을 읽을 수 있었던 마지막 시기는 1450년경이었다. 우리는 정말 많이 알면서도 참으로 적게 이해한다.

3 ─ 향수

과거의 것을 가차 없이 모두 쓸어버리려는 열망으로 가득한 현대는 향수라는 감정 또한 억수같이 불러일으켰다. 이토록 많은 이들이 자신의 시대가 아닌 다른 시대에 살기를 간절히 바랐던 적이 있었던가. 현대적 치과 진료와 통신의 혜택을 받고 사는데도, 사람들은 샤를마뉴대제 시대의 성이나 아서왕 시절의 돌집으로 도망치기를 꿈꾼다. 현대는 남태평양의 섬들, 북아메리카 원주민의 원뿔 천막, 아랍의 메디나에서 누릴 수 있는 '단순 소박한' 삶에 대한 환상을 키워왔다. 이러한 갈망은 실제 행동에 나서기 위한 계획은 아닐지라도, 우리 시대가 남긴 파괴의 흔적 앞에서 한숨을 토로하는 방식으로 표현된다.

4 ─ 시기심

현대는 우리에게 모두가 평등하고 무엇이든 이룰 수 있다고 설파한다. 모두에게 한없는 가능성이 기다리고 있다. 억대 규모의 회사를 창업할 수도 있으며, 유명한 배우가 될 수도, 국가를 통치할 수도 있다. 기회는 더 이상 혜택받은 소수에게만 불공평하게 한정되어 있지 않다. 말은 참으로 관대하게 들리지만, 이는 사실 비교, 그리고 그 비교로 인해 야기되는 괴로움인 시기심을 초래했다. 17세기 피카르디 지역의 양치기가 프랑스 왕 루이 14세에게 시기심을 품는 일은 절대 없었을 것이다. 왕이 누리는 이점이란 워낙에 불공평해서 아예 경쟁 너머의 일이었다. 하지만 이제 이런 식의 평화는 가능하지 않다. 모두가 누려 마땅한 것을 얻을 수 있는 세상인데, 어째서 우리는 더 갖지 못하는 걸까? 성공이 당연하다면, 어째서 우리는 계속 평범한 인생을 살아야 하는가? 점점 더 쉽게 물질적인 편의를 누릴 수 있음에도, 이른바 평범한 삶을 산다는 정신적 부담감은 이전과 비교할 수 없을 정도로 과중해지고 있다.

5 ── 외로움

실질적인 의미에서 현대는 전례 없는 수준으로 우리를 타인과 연결했지만, 또한 우리를 감정적 상실 상태로, 아마도 에드워드 호퍼의 그림 속 인물처럼 늦은 밤 식당 한구석에서 각자 외따로 앉아 내면과 외부의 어둠을 응시하고 있는 것과 비슷한 상태에 처하게 했다. 각자가 특별한 사람이어야 마땅하다는 믿음은 서로의 관계를 불필요할 정도로 성마르게 만들었고, 관용 내지는 인내를 박탈하였으며, 우정에서 가치를 제거해 버렸다. 새로운 사회적 만남이 이루어질 때마다 가장 먼저 듣는 질문은 "무슨 일을 하십니까?"이며, 이때 인상적인 대답을 하는 것이 무척이나 중요해졌다. 우리는 저 멀리 은행 본사와 보험사가 보이는 초고층 아파트에서 잠들며, 만약 자신이 죽으면 누가 알아차리기는 할지 궁금해한다.

6 ── 오두막

현대 지성사를 이끈 수많은 인물이 세상에서 고립된 곳으로 물러나 은둔함으로써 혼돈과 거리를 두었던 것, 그리고 그곳에서 혼돈을 이해하고자 시도했던 것은 결코 우연이 아니다. 니체는 스위스 알프스의 오두막으로, 비트겐슈타인은 노르웨이 피오르의

독일 남서부 산악 지대 슈바르츠발트를 말한다. 나치를 지지했던 하이데거는 나치 패망 후 오두막에서 저술에 몰두했다.

오두막으로, 하이데거는 '검은 숲'의 오두막으로 들어갔다. 그들이 쓴 글은 전형적이지 않을지 모르나, 그들 내면의 혼란에는 전형적인 측면이 있었다. 앞으로도 우리가 오두막에 살 일은 없겠지만, 우리에게도 오두막이 절실히 필요하다는 점을 날카롭게 감지하고 있다.

7 ── 감성

우리는 계속해서 웃으라는, 좋은 하루를 보내라는, 즐겁게 지내라는, 휴일에는 환호성을 지르라는, 살아 있다는 사실에 열광하라는 요구를 받는다. 그런 요구가 없어도 이미 무척이나 어려운 일인데 말이다. 현대는 우리가 가진 근본적인 권리인 울적할 권리를, 비생산적일 권리를, 퉁명스러울 권리를, 혼란스러워할 권리를 박탈했다. 행복이 표준 상태여야 한다는 주장이야말로 현대가 우리에게 저지른 핵심적인 부당 행위다. 독일 철학자 테오도어 아도르노는 현대 미국이 압도적인 악당을 만들었다고 지적한 바 있다. 그가 언급한 치어리더의 우두거리 격인 악당은 바로 월트 디즈니다.

디뉴 멜러마르코비츠가 찍은 오두막 앞에 서 있는 하이데거, 1968년

현대는 우리를 물질적으로 풍요롭게
만들었을지는 몰라도, 막대한 정서적
통행료도 함께 부과했다. 우리를 소외시켰고,
시기심을 키웠으며, 수치심을 증식시켰다.
서로 갈라놓았으며, 어리둥절하게 만들었고,
진실하지 않은 억지웃음을 짓게 했으며,
성마르고 화가 가득한 사람이 되게 했다.

다행스러운 점은 홀로 고통을 겪지 않아도
된다는 것이다. 비록 각자가 괴로움을 겪고
있긴 해도, 우리가 처한 상황은 우리 마음이
아니라 이 시대의 산물이다. 우리가 처한
상황을 진단하는 법을 배움으로써, 개인적인
차원에서 미친 것이라기보다는 전에 없이
강렬한, 사회적인 차원에서 생성된 격동의
시대를 살아가고 있다는 사실을 깨닫게 된다.
현대는 일종의 질병이며,
현대를 이해하는 것이 그에 대한 치료법이라는
사실 또한 받아들이게 된다.

에드워드 호퍼,
〈293호 열차 C칸〉, 1938년

1

소비 자본주의   Consumer Capitalism

현대를 그 이전에 알려져 있던 다른 모든 시대와 구분 짓는 가장 중요한 측면은 상대적으로 평범하면서 누가 봐도 하찮은 활동인 쇼핑이다. 대부분의 인류 역사에서 물건 구입은 단순명료한 일이었는데, 살 물건이 없었기 때문이다. 12세기 북유럽 농부의 수입 중 98퍼센트는 음식에 들어갔다. 대체로 포리지, 빵, 양배추, 완두콩이었고, 수입이 괜찮은 주에는 양고기가 포함되었다(중국의 경우에는 쌀, 수수, 순무, 참마이며, 수입이 좋을 때는 오리고기였다). 그러고 나면 남는 게 거의 없었다. 15세기 영국의 유품 목록을 보면 해진 옷과 의자, 나이프 말고는 아무것도 소유하지 않은 채로 세상을 떠났다는 걸 알 수 있다. 촛대 정도는 되어야 진정으로 부유하다는 표시였다.

그러다 17세기 중엽, 북대서양 해안 지역의 국가들에서 놀라운 현상이 벌어지기 시작했다. 농업 기술의 점진적인 발전 덕에, 보통 사람들도 월말에 굶주리지 않기 위해 필요한 것보다 약간 더 많은 돈을 벌게 되었다. 수입은 대단한 편은 아니었고 살 수 있는 물건도 마찬가지였다. 벨트, 놋쇠 단추, 작은 수납함, 구리 냄비, 수면 모자 정도였다. 하지만 수요는 제조업의 증가로 이어졌고, 이는 선순환을 이루며 고용으로 되돌아갔다. 18세기 초까지 북유럽의 평균 임금은 완만한 상승 곡선을 그렸다. 몇 세대 전이었다면 엄두도 못 냈을 물건들을 살 수 있게 되었다. 오두막에는 단단한 목재 마루가 깔렸고, 여자들은 여벌 드레스를, 남자들은 일요일에 입을 조끼를 살 수 있었다. 아이들은 인형을 갖게 되었고, 집

안에 푹신한 의자를 들여놓을 수 있었다.

북유럽은 세계 최초의 소비혁명을 목도하는 중이었고, 그러면서 한때 사치품이었던 물건들이 대중에게 가까이 다가가게 되었다. 신흥 중산층이 등장하여 수를 놓은 리넨 천, 식기와 그릇, 찬장, 식탁 의자, 거실용 긴 의자, 커피, 요리책, 그림을 사기 시작했다. 지방 도시 사람들은 패션 잡지 덕에 불과 몇 주의 시차를 두고 런던의 우아한 여성들이 저녁에 무슨 옷을 입고 다니는지 볼 수 있었다. 그 뒤 2세기 동안 소비혁명은 전 세계로 퍼져 나갔고, 그 어느 때보다 중요해졌다. 1893년 사업을 시작한 유통업체 시어스의 상품 목록을 통해 보통의 미국인들은 이전에는 상상도 못 했던 다양한 상품에 접근할 수 있었다. 우편 제도의 발달과 전국적으로 연결된 물류창고 망에 힘입어, 고데기부터 잔디 깎는 기계까지, 변기부터 총기류까지, 또한 유방 크기를 부풀리는 펌프와 가슴을 돋보이게 하는 크림 같은 은밀한 제품에 이르기까지 무엇이

1897년 시어스 카탈로그 광고.

든 주문하여 며칠 만에 받아볼 수 있었다.

도시에서는 새로운 쇼핑 거리를 주도하는 바로크풍 소비 궁전인 백화점 건설에 막대한 돈이 투자되었다. 1882년 독일의 사업가 헤르만 티에츠가 베를린에 최초의 백화점을 열었다. 백화점은 쇼핑객들의 현실감각을 무디게 만들어 무아지경에 빠져들게 할 만큼 호화스러웠다. 심지어 3층의 기린 가죽 소파나 지하 동물 코너의 아마존 앵무새와 새장마저 기꺼이 집으로 가져갈 만큼 매혹적인 공간으로 설계되었다. 정문 위에 설치된 구체는 타조 깃털 조각, 진주, 브로케이드 무늬로 꾸며졌다. 아치형 천장, 채광창, 돌출된 천사상이 있었으며, 베를린 사람들은 거대한 판유리를 줄지어 달아놓은 인상적인 개방형 아트리움을 마치 수족관 앞에 서 있는 양 들여다보며 꿈꿀 수 있었다.

1910년 베를린 티에츠 백화점.

파리에서는 라파예트 백화점이 1912년에 첫 번째 매장을 냈다.

백화점에는 다실을 비롯해 흡연실, 동양풍 욕탕과 43미터 높이의 스테인드글라스 돔이 있었다. 백화점 측이 지붕에 설치한 20미터 길이의 활주로에 성공적으로 착륙하는 첫 번째 비행사에게 2만 5천 프랑의 상금을 주겠다고 발표했을 때만 해도 별일 아닌 듯 보였다. 1919년 1월, 제1차 세계대전 참전 공군이자 베테랑 조종사 쥘 베드린이 전 세계 신문 구독자와 거리에 운집한 1만 명의 군중이 경탄하는 가운데 무사히 곡예비행을 해냈다.

소비혁명의 역설적인 점이라면, 이 혁명의 여파로 겉보기에 '작은' 것들이 진정으로 중요해졌다는 사실이다. 셔츠 칼라, 샴푸, 수세미, 마가린 같은 소소한 제품들이 양으로나 범위로나 전례 없는 부를 형성하는 데 이바지했다. 한때는 나라를 정복하거나 왕의 칙령을 통해 강제로 빼앗아야만 모을 수 있었던 규모의 돈을 이제는 초콜릿 바와 헤어크림을 솜씨 좋게 판매함으로써 평화롭게 축적할 수 있었다. 그 결과, 새로운 유형의 사람들이 사회의 상위층에 진입하기 시작했다. 초콜릿 아이스크림이나 축제용 놀이 기구를 대중에게 제공하여 돈을 번 사람이 이집트 파라오 아멘호테프 3세보다 더 부유할 수도, 잉카 제국의 황제 아타우알파보다 더 으리으리하게 살 수도 있었다. 19세기 후반 영국에서 가

1919년 파리 라파예트 백화점에 착륙하는 쥘 베드린.

윌리엄 스트랭,
〈초대 리버흄 자작 윌리엄 헤스케스
레버(1851~ 1925)〉, 1918년

오스카르 비요르크,
〈스카겐에 있는 헨릭센 부인의 여학교〉,
1884년

장 힘 있는 사람 중 하나였던 윌리엄 레버는 럭스 비누와 선라이트 세탁비누를 팔아 부를 일구었다.

하지만 신흥 부자들은 엘리트 계층에게 기대되는 표준적인 예법을 따르지 않았다. 그들은 포크를 잘못 사용하고, 너무 요란하게 코를 풀었으며, 정장 차림으로 참석한 만찬에서 연설할 때 농장에 계신 엄마에게 배운 교훈을 꾸밈없는 태도로 꺼내는 바람에 옛 지주들에게서 비웃음을 사기도 했다.

그렇지만 경제학자들은 아이스크림과 비누가 절대 비웃을 물건이 아니라는 점을 잘 알고 있었다. 한 국가가 번영하려면, 보통의 소비재를 대규모로 사고파는 일이 절대적으로 필요하다. 고상한 이상이야 참 좋긴 하지만, 국가의 부와 힘을 떠받치는 것은 쇼핑몰과 홈쇼핑 카탈로그다. 이로써 대량 소비에 관한 도덕적 논거가 만들어지기 시작했다. 대량 소비의 옹호자들은 색깔 있는 머리핀과 레몬 소다의 판매가 판매고의 상승으로만 끝나는 게 아니라, 판매에서 발생하는 세금이 사회 시설의 유지보수와 극빈층의 복지, 학교와 고아원, 대학과 기술학교를 지원하는 데 사용된다는 점에서 중요하다는 점을 강조했다. 국가가 소위 '쓸데없는' 물건의 거래에 얼마나 열심히 관여하느냐가 병원과 요양원에 얼마나 많은 돈을 써도 될지를 결정했다.

한때는 상업 거래의 어리석음에 대해 성경 구절을 읊조리는 것이 인상적으로 보였을지 모르나, 이제는 국가의 가장 취약한 구성원을 보호할 돈이 없는 상태로 내버려두는 것이 훨씬 근시안적이고 잔인한 일이다. 교회는 자선에 대해 입에 발린 소리를 할 수 있지만, 오로지 상업만이 거기에 지불할 돈을 산출할 수 있다.

소비사회의 성장은 교육의 엄청난 확장을 가져왔다. 19세기 중반까지, 대부분의 북유럽 국가는 국민에게 14세까지 학교 교육을 제공했다. 읽기와 쓰기뿐 아니라 수학과 지리학, 과학, 문학 교육을 제공했다. 강력한 국가는 교육받은 시민을 필요로 했기 때문이다. 그렇지만 한 가지 주제에 관해서만큼은 어떠한 지도 편달도 없었으며, 심지어 필요하다는 생각조차 하지 않았다. 그것은 바로 쇼핑이다. 어려운 일은 죄다 돈을 모으려고 노력하는 부분에 몰려 있는 게 기본 전제였고, 돈을 쓰는 건 쉬운 일일 터였다.

하지만 소비라는 문제는 그렇게 간단치 않다. 인류가 자신에게 필요한 것과 자신이 욕망하는 것을 정확히 구별하는 데 유난히 서툴다는 사실, 그리고 자신이 번성하는 데 꼭 필요한 것과 겉보기에는 매혹적이되 사실 알고 보면 자신을 해치거나 손상시킬지 모르는 것 사이의 차이를 제대로 식별하는 데 이례적으로 형편없다는 사실은 소크라테스 이래 철학의 근본 원리였다. 양배추 한 그릇이나 코커스패니얼 한 조각을 추가하는 정도가 가능한 상황에서, 대부분 사람에게 결정이란 이론상으로나 가능한 얘기였다. 하지만 현대라는 새로운 상황에서, 경제의 주된 목적이 필수적이지 않은 것들의 소비를 촉진하기 위해 가처분 소득을 끌어올리는 것이 되었을 때, 돈을 어떻게 하면 알차게, 제대로 쓸 것인가 하는 문제는 눈에 띄지 않는 학문적 주제에서 실존적 우선순위로 자리를 옮겼다.

우리는 소비의 주된 문제점을 (흥정에 실패한다거나 하는) 가격의 측면이라는 틀에 넣어 바라보지만, 오류는 더 근본적인 데 있을지 모른다. 성공적인 지출은 우리가 획득한 것과 느끼는 방식 사이의 내밀한 연결고리를 파악하는 데 달려 있다. 우리가 쓸모없는 제품(이는 에클레어일 수도, 주택이나 신발, 교육일 수도 있다)을 고르는 까닭은 자신의 본성에 대한 충분한 지식이 부족하기 때문이다. 우리가 불완전한 소비자로 나아가는 이유는 삶의 다른 많은 영역에서 실수하는 것과 똑같은 이유다. 즉 우리가 자신을 행복하게 만드는 기술적인 측면에서 훈련받지 못한 아마추어이기 때문이며, 또한 자신에 대한 이해가 부족하기 때문이다.

롭 볼,
〈펀랜드, 웨스턴 슈퍼 메어〉,
2018년

판돈이 높지 않다면야 이 중 문제라고 할 만한 것은 전혀 없다. 소비주의의 비극은 우리가 우리에게는 맞지 않는 특권을 들먹이며 두 세기에 걸쳐 세계를 재배치해 왔다는 사실이다. 우리는 강의 방향을 돌리고, 고대부터 있던 숲을 베어 넘어뜨렸으며, 노동력을 칸막이처럼 좁은 공간에 매어놓고, 하늘을 뿌옇게 만들었다. 더 큰 수입을 추구하면서 깨어 있는 대부분의 시간을 사랑하는 사람들과 떨어져 지내라고 자신을 독려했다. 이 모든 것은 시간이 지나면 보다 더 자주 웃게 되리라는 희망에서 비롯했다.

하지만 우리는 백화점이나 주방 설계 사무소, 부동산 중개소, 워터파크에서 돌아오는 길에 스스로의 힘으로는 쾌락의 신경 중추를 다시 자극할 수 없다는 사실을 깨닫게 된다. 이 점을 곰곰이 생각하다 보면 울음이라도 터뜨리고픈 기분에 젖고 만다.

우리의 유일한 야망이 만족을 획득하는 것일 때 이는 참으로 참담한 일이다. 우리가 현대식 유원지와 휴양지의 이미지에서 포착한 아이러니는 그것들이 우리에게 만족을 전달해 줄 수 있다는 걸 전제로 한다는 점이다. 하지만 그 만족감은 잡히지 않을 수 있다. 우리가 즐기며 살지 못하는 주된 이유는 노동의 비참함보다 현대의 소비 문화에 더 큰 원인이 있다. 노동력을 착취하는 저임금 공장, 쓰레기 매립지, 오폐수, 피곤함에 찌든 직장인들, 이 모든 건 탄식할 일이긴 하나 혼란과 분노가 겨눠야 하는 진정한 표적은 따로 있다. 그 표적은 최고급 세단 내부에 흐르는 불쾌한 분위기에, 벽으로 둘러싸인 복합 주거 단지 내부에서 일어나는 가슴 아픈 일에, 석탄 재벌 가족이 품고 있는 불만에, 대형 유원지 속 영혼들이 앓고 있는 질병에 있다.

조지 크룩섕크, '술병' 연작의 여섯 번째 삽화, 1847년

18세기에 소비주의가 탄력을 얻으면서, 돈을 쓰기만 하는 게 아

니라 현명하게 써야 한다는 인식 변화가 생겨났다. 이런 변화는 특정 활동, 즉 음주와 도박에 집중적으로 나타났다. 사회개혁가들은 술집 골목에서 인생이 곤두박질할 수 있으며 도박장에서 믿음을 잃을 수도 있다고 지적했다. 도덕적인 메시지를 담은 포스터들은 이러한 유혹과 싸우기 위해 중독의 결과를 상세히 묘사했다. 술 몇 병을 마시고 나서 사랑하는 사람을 두드려 패거나, 혹은 로버트 마르티노의 그림 〈고향 집에서 보내는 마지막 날〉에서처럼 포커 게임에 강박적으로 매달린 끝에 전 재산을 팔아치워야 할 수도 있었다.

이런 도덕주의의 문제점은 고압적인 태도보다는 적용 범위에 있었다. 경고는 음주와 도박에만 필요한 것이 아니었다. 부적절한 소비는 이보다 훨씬 크게 우리를 좌지우지한다. 번성을 가로막고 진정한 정신적 양식의 원천에서 멀어지게 하는 형태의 지출에 휩

로버트 마르티노,
〈고향 집에서 보내는
마지막 날〉, 1862년

쏠리는 한, 상업적 유혹의 희생자가 될 수밖에 없다. 우리가 빈번히 그러한 희생자가 되는 건 놀라운 일이 아니다. 거대한 이해관계가 작동 중이고, 이는 우리로 하여금 특정한 생각을 따르는 것을 고급스러운 지혜인 양 받아들이도록 모색하고 있기 때문이다. 즉 행복한 사람이라면 샴페인을 마셔야 한다거나, 사랑하는 사람에게 다이아몬드 반지를 사주지 않으면 파트너가 관계를 진지하게 생각하는 게 아니라거나, 자녀에게 스키를 태워주지 않으면 좋은 부모가 아니라는 식으로 믿게 만드는 것이다. 시류에 맞서기 위해서는 범상치 않은 힘을 써야 할 수도 있다.

예술가들이 아름다움과 좋은 취향에 대한 일반적인 관념이나 통념에 저항하고, 자신만의 다양한 비전을 제기하는 모습을 보며 사람들은 스스로에게 필요한 용기의 단초를 얻었다. 18세기 중반 프랑스의 지배적 예술 추세인 로코코 양식은 이상화된 낭만적인 장면, 귀족적인 우아함, 화려한 아름다움을 중시하며 리본, 얇은 천, 수많은 파스텔 색채의 꽃을 강조했다. 자기 성찰을 통해 이것이 즐거움에 대한 자신의 생각은 아니며, 아름다움과 흥미는 다른 곳에 있다고 말하기 위해서는 상당한 수준의 자기 인식과 내면의 확신이 필요했으리라.

프랑스 화가 샤르댕은 다른 형태의 열정을 기록으로 남길 필요가 있음을 느꼈다. 자신의 명성에 상당한 대가를 치르면서도, 그는 일련의 유화 작품을 통해 그가 이해하는 행복은 다른 곳에 있음을 명백히 밝혔다. 그 행복은 조용하면서도 다소 진중한 가정의 모습에, 부엌과 응접실에, 아이들이 마실 차를 준비하거나 잠들기 전에 책을 읽는 행동에, 작은 탁자에 놓인 단순한 모양의 꽃병이나 뜯어져서 속이 드러난 채 식탁에 놓인 빵 덩어리 같은 곳에 있었다.

우리는 좀처럼 그러한 용기에 미치지 못한다. 이상하다는 취급을 받을지 모른다는 두려움에 사회에서 덜 인정받는 취향을 진지하

장오노레 프라고나르,
〈행복한 연인들〉, 1760~1765년경

장밥티스트시메옹 샤르댕,
〈식사 전 기도〉, 1744년

게 받아들이지 못한다. 어떤 시대에는 로코코 취향을 따르고, 또 어떤 시대에는 플레어 셔츠를 입는다. 옷을 어떻게 입어야 하는지, 휴가를 어떻게 보내야 하는지, 책을 어떻게 평가해야 하는지, 아이의 생일을 어떻게 축하해야 하는지, 사랑하는 사람을 어떻게 존중해야 하는지, 결혼은 어떻게 해야 하는지, 저녁 식사는 어떻게 준비해야 하는지, 혹은 인생을 어떻게 꾸려야 하는지 등등에 대해 적혀 있는 대본 같은 걸 따르고 싶지 않지만, 튀어 보이는 게 두려워서 주변의 기대에 온순히 부응하게 마련이다. 우리는 독단적이고 자기중심적인 존재와는 무척이나 거리가 멀고, 가슴이 아플 정도로 자신의 직관 앞에서 자주 머뭇거린다. 결국 인생 대부분을 다른 이들이 우리에게 만들어준 어림짐작의 그물에 갇혀 살아간다.

취향이 단순하기 짝이 없다는 이유로 소비 활동마저 죄다 타성적인 것은 아니다. 우리의 취향은 다양하면서도 변칙적이다. 아마도 중년 이후에야 무엇을 입어야 할지, 무엇을 먹어야 할지, 무엇을 칭찬하거나 무시해야 할지에 대한 지배적인 이야기를 버리고 자신이 오랫동안 은밀히 바라왔던 대로 일을 처리하게 될지 모른다. 경험을 돌이켜보며 무엇이 자신에게 실제로 즐거움을 가져다주었는지 파악하는 능력이 부족하다는 것 또한 문제다. 우리의 뇌는 자신이 느낀 만족을 분해하여 살피는 데 딱히 열성적이지 않고, 따라서 만족을 보다 확실하게 재창조하는 계획을 짜는 데도 심드렁하다. 우리는 자신이 특정 영화나 친구를 좋아한다는 건 알지만 그 이유를 말하기는 어려울 수 있다. 우리에게는 경험을 비판적으로 해부하는 천성이 없다. 그러다 보니 휴가나 파티의 세세한 내용을 훑어보고 재킷이나 자전거 구입 세목을 꼼꼼히 검토하여, 향후의 지출을 이상적으로 인도해 줄 즐겁거나 괴로운 요소들을 엄격히 탐구하는 일이 낯설고 힘들게 느껴진다.

현대 정부는 소비 수요에 관심이 많다. 소비 수요가 얼마나 크게 존재하는지 주의 깊게 추적하고, 감소라도 할라치면 수요가 빠질 때쯤 이를 진작시키기 위해 재빠르게 움직이기도 한다. 사람들이 소비하는 총액의 변동이 고용 패턴과 세수에 엄청난 결과를 초래한다는 것을 잘 알고 있기 때문이다. 하지만 수요에서 가장 크게 강조되는 지점은 소비의 질이 아니라 바로 양이다. 정부의 관점에서는 사람들이 돈을 내고 시 수업을 듣든, 권총을 사든, 샐러드를 사든, 아이스크림 도넛을 사든, 심리 치료를 받든, 스포츠카를 사든 아무 상관이 없다. 중요한 것은 오로지 총소비액이 증가해야 한다는 것뿐이다.

하지만 심오한 의미에서 보자면, 우리가 무엇에 돈을 쓰는가는 중요하다. 수십억 소비자의 선택이 모여 사회의 성격과 삶의 유형이 형성되기 때문이다. 경제학자들이 말하는 것과는 정반대로, 더 나은 종류의 수요와 더 나쁜 종류의 수요라는 것이 존재한다. 총기에 대한 수요는 교육에 대한 수요보다 덜 '바람직한' 것이다. 건강식에 대한 수요는 옥수수 시럽을 듬뿍 뿌린 디저트에 대한 수요보다 '더 나은' 것이다.

소비사회를 비판하는 이들이 없었던 적은 없다. 이들은 옛 조상들의 단순한 삶으로 돌아가기 위해 선진 자본주의의 속도를 늦춰야 하며, 그 과정에서 세계적 규모의 쇼핑몰에서 잃어버린 행복을 다시 발견할 수 있다고 말한다. 하지만 진짜 문제는 소비할 것이냐 말 것이냐가 아니라(우리에게는 충족시켜야 할 진정한 욕구가 무척이나 많다), 어떻게 잘 소비하느냐이다. 즉 소비가 개인과 집단의 번영을 위한 전제 조건에 대해 얼마나 이해하고 어떻게 일치할 수 있느냐이다.

우리는 이제야 소비 시대의 여명에 와 있다. 호모 사피엔스의 역사적 맥락에서 살펴보면, 우리가 생존과 관계없는 물건을 살 수 있다는 가능성이나마 손에 넣은 건 역사의 시간에서 최근 몇 초에 불과하다. 그러니 우리가 툭하면 오류에 빠져서 아무도 원치 않는 제빵 기계를 사거나, 의기소침하게 휴가를 보내거나, 맞지 않는 모자 또는 쓸데없는 항법 시계를 산다고 해도 전혀 놀랄 일이 아니다. 또한 우리는 소비에 대한 잠재적인 욕망, 이를테면 사마르칸트 여행에 투자하거나 방에 방음 패널을 덧대거나 귤과 민트로 만든 절임 과자를 먹거나 관심이 가는 낯선 이에게 돈을 기부하는 따위의 일에 충분한 중요성을 부여하지 못할 수도 있다. 우리는 순응을 요구하는 교묘하게 설계된 압박 속에서도 여전히 우리만의 정체성을 발견하고 유지하는 법을 배우는 중이다. 우리는 돈을 벌겠다는 열망에 대해서라면 알 만큼 알고, 인생의 대부분을 돈을 버는 데 헌신한다. 이제 우리 앞에 놓인 과제는 지금껏 제대로 언급된 적 없는 쇼핑이라는 활동을 중심으로 그에 상응하는 야심을 키우는 것이다. 쇼핑은 현대의 사회경제적 현실 전체의 기초가 되는, 소소하다고 할 수 없는 문제다.

2

광고   Advertising

기업체들은 언제나 자신의 존재를 세상에 알려야 할 필요가 있다. 역사적으로 이는 문 앞에 걸어놓은 간판으로 표현되었다. 만약 당신이 모자나 양말을 파는 가게를 운영한다면 양末을, 이발소라면 가위를, 장갑 가게라면 손 모양을 내걸 것이다. 그리고 만약 1780년대에 파리 코소네리가에서 델리카트슨*을 운영했다면 호기심 어린 표정의 커다란 달팽이 모양을 선택했을지도 모른다. 간판이 무척이나 많았던 데다 고정 부위가 자주 느슨해져서, 시 당국은 돌풍이 부는 겨울에는 유지보수에 특히 신경을 쓰라고 가게 주인들에게 주의를 주었다. 17세기 후반 암스테르담에서는 겨울 한철 동안 사람으로 붐비는 바르모스트라트가의 골목에서 무너진 간판 때문에 여섯 명이(그중 둘은 어린아이였다) 목숨을 잃었다.

* 가공육이나 치즈, 수입 식품 등을 파는 가게.

1780년 파리 코소네리가의 델리카트슨 간판.

글을 읽을 줄 아는 사람이 거의 없었기 때문에, 유일한 대안은 호객꾼을 고용하여 동네를 돌아다니며 사람들에게 사업의 존재를 알리는 것이었다. 연이어 이어지는 호객꾼들의 불협화음 탓에 짜증이 난 18세기 문필가 새뮤얼 존슨은 굴oyster 판매상이나 방물장수들의 새된 소리에 방해받을 일 없었던 고대의 사상가들이 현대 사상가들보다 훨씬 더 생산적이었다고 논평하기도 했다.

그러다가 19세기 초 새로운 선택지가 등장했다. 인쇄 기술의 발달 덕에 큰 포스터를 제작하는 게 가능해진 것이다. 옥외 광고가 도시 전역의 지자체 건물과 선술집 벽에, 공원 입구의 임시 광고판에, 무대 마차와 승합마차 측면에 내걸렸다. 도시의 지평선은 간절한 외침으로 도배되었다. 엠파이어 탈수기('쉽게 잘 돌아가요. 저도 엄마를 도울 수 있답니다!'), 하네스 전기 코르셋('모든 연령대 여성의 필수품!'), '베이커 앤 코'의 아침 코코아('건강한 사람뿐 아니라 허약체질에도 딱 알맞습니다. 1878년 금상 수상'), 남성용 '오 말라런'('대머리는 반드시 치료할 수 있습니다.') 등등.

존 올랜도 패리,
〈런던 거리 풍경〉, 1835년

1916년 애틀랜틱시티 목초지.

19세기가 전개되는 동안 기술은 가능성을 더욱 확장했다. 독립 목재 구조물 내지는 다리, 절벽 또는 극 옆에 제품을 상기시킬 수 있는 거대한 광고물을 저렴하게 설치할 수 있었다. 이 유행은 철도의 발전으로 인해 크게 고무되었다. 1869년 최초의 대륙횡단철도가 미국의 동부와 서부 해안선을 (오'이오와주 카운실블러프스를 경유하여) 연결했을 때, 기업들은 그 노선을 따라 광고를 배치하기 위해 주요 철도 회사인 센트럴 퍼시픽과 유니온 퍼시픽에 돈을 싸들고 몰려들었다. 그리하여 뉴욕시에서 샌프란시스코로 여행하는 동안, 불과 한 세대 전만 해도 포니 수, 크로우, 블랙풋과 쇼숀 족 인디언들(이제는 거의 다 몰살당하거나 보호구역에 몰아넣어진 부족들)의 사냥터였던 세계에서 가장 아름다운 지역을 따라 전략적으로 배치된 수천 개의 가정용품 광고를 접하게 되었다. 사우스 플래트 강 북쪽 제방을 따라가다 보면 스프라지사社의 깡통 따개('우툴두툴한 테두리가 전혀 생기지 않습니다.')를 광고하는 거대 광고판을 볼 수 있었다. 가지뿔영양, 사슴, 엘크가 풍부하게 서식하는 외딴 래러미 산맥을 가로지르면서는 우드워드사社의 홉 맥주('소화 불량과 배

탈에 잘 듣습니다.')에 대한 생각에 빠져들 수 있었고, 700만 년 전 초대륙 로디니아가 분리되면서 생긴 웨버강 협곡으로 내려가면서는 가리발디사社의 마카로니('인공 착색 제품-펜실베이니아에서 왔어요!')를 환기시키는 광고에 주의를 빼앗기게 되었다. 한때는 불안, 후회의 감정을 처리하거나 미래의 인생 계획을 세우는 등 자유로이 이런저런 생각을 할 수 있게 남겨졌던 순간들이, 이제는 상업적 영역과 맞닿게 되었다. 어린 시절에 대한 추억이나 친구에 대한 그리움이 8미터 높이의 A.1. 스테이크 소스병을 세세하게 묘사한 광고 그림과 충돌하였다. 19세기 미술 평론가 존 러스킨은 특정 시대가 무엇을 진정으로 믿고 있는지 알고 싶다면, 지평선에서 가장 커다란 대상을 찾아보면 된다고 말했다. 한때 그 대상은 신을 의미했고, 시민 정부나 군주의 영광을 뜻하기도 했다. 하지만 이제는 머릿기름이나 소화를 돕는 만병통치약을 뜻하기 십상이었다.

새로운 상업 제품의 대다수는 불필요하거나 쓸데없는 것이 아니었지만, 그 제품들의 성공이 의미하는 바는 달랐다. 그들의 성공이 우리에게 미치는 실질적인 이익에 비해 과도하게 큰 비중을 차지하고 있었다. 즉 그들의 상업적 가치는 인간적 중요성과 맞지 않게 커졌고, 자기들이 돈을 내고 산 그 유명세를 누릴 자격이 없었다. 동시에, 오랫동안 우리의 주의를 끌어왔던 다른 미덕들, 즉 엄숙함, 사랑, 용서, 성찰, 검소함, 부드러움의 역할을 밀어내고 있었다. 이 미덕들은 캘리포니아에서 출발하는 철도 노선에 있는 살구나무 숲에 위치한 목 좋은 전환점에 30미터 높이의 광고판을 설치할 수 있는 예산이 부족했다.

설탕을 넣은 탄산수나 머릿결을 부드럽게 만들어주는 샴푸의 선전 문구에서 결코 벗어날 수 없다고 생각하면, 또는 근처 어딘가에, 심지어 아스완과 룩소르 사이에 있는 나일강을 따라 늘어선 야자수나 앙코르와트로 이어지는 길, 혹은 나이아가라폭포 건너편에도 늘 광고 메시지가 붙어 있으리라 생각하면 밀실에 갇힌

1950년 방콕 외곽의 코카콜라 광고판.

듯한 공포가 느껴진다. 대형 광고판, 그리고 그 배후에 존재하는 상업 문화는 성가시게 칭얼거리는 아이를 닮은 구석이 있다. 광고 메시지가 들리지 않았을까 봐 무척 불안해하고, 메시지가 어떻게 비칠지 상상하는 능력도 부족해서 같은 말을 퉁명스럽게 몇 번이고 되풀이한다. 아이오와의 제퍼슨에서도, 네브래스카의 빅 스프링에서도 거듭 되풀이하고, 와이오밍의 록크리크와 유타의 라이언스턴에서도 거듭 되풀이하며, 네바다의 화이트 플레인즈와 캘리포니아의 셰이디런에서도 거듭 되풀이한다.

상업 문화의 험난한 분위기 속에서, 기업들은 점점 더 큰 소리로 광고하고 과장된 방식으로 자신을 알리려는 경향이 증가했다. 주의를 끌기 위해 소리를 지르거나 과도한 방법을 사용하는 것이

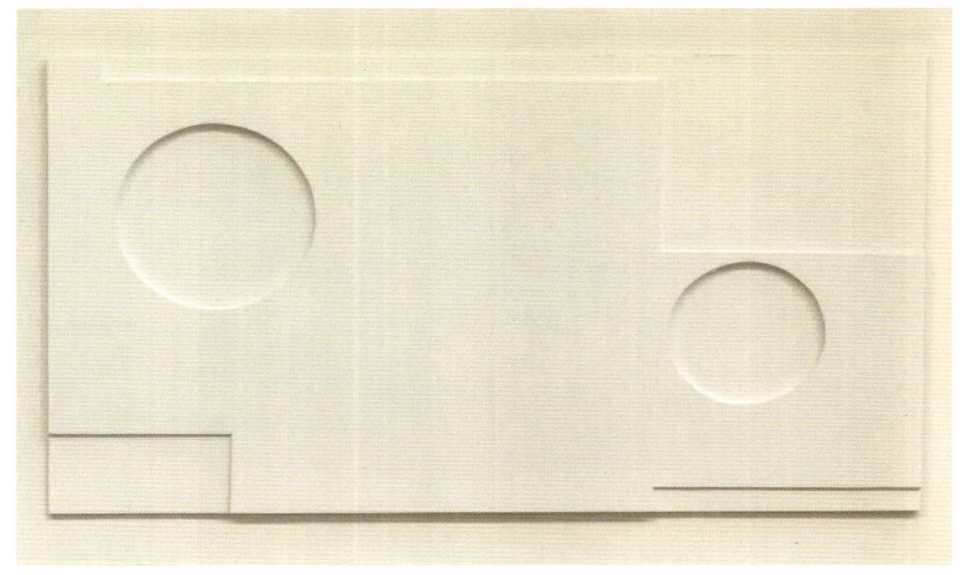

아니라, 때로는 차분하고 절제된 방식으로 접근하는 게 더 효과적으로 주목받을 수 있다는 것을 아무도 인지하지 못했다. 광고계에서 경력을 시작한 영국 미술가 벤 니콜슨은 (작가 J. M. 배리가 〈피터 팬〉을 홍보할 때 그의 그림을 사용하기도 했다) 1930년대에 시각적 평면과 백색이 만들어내는 음영에서 일어나는 작은 변화가 감상자에게 어떤 영향을 미치고 어떻게 마음을 움직일 수 있는지 탐구하면서 티끌 하나 없이 절제된 하얀 캔버스를 제작했다. 니콜슨은 캔버스를 고요하게 만드는 것이 대조를 한껏 강조하는 것보다 훨씬 더 시선을 끌 수 있다는 사실을 발견했다. 현대의 광고주들이 간과했던 부분, 즉 커뮤니케이션의 진정한 목표는 단지 주목받는 것이 아니라 경청하도록 만드는 것이며, 이는 과할 정도로 속삭일 때 가장 잘 구현되리라는 점을 포착하여 성취한 것이다.

또한 광고주들은 진실을 말하는 것이 가진 설득력에 대한 예술가들의 교훈을 잊고 있었다. 17세기 네덜란드 화가 렘브란트가 세상에서 가장 매력적이라고 생각한 사람은 그의 배우자 헨드리키에 스토펠스였다. 그녀는 전형적인 미인은 아니었다. 목에는 살

벤 니콜슨,
〈1935(새하얀 안도감)〉,
1935년

렘브란트, 〈헨드리키에 스토펠스의 초상〉,
1654~1656년경

집이 좀 있었고, 뺨은 통통했으며 입은 작았다. 하지만 회화 역사상 가장 매혹적인 인물 중 하나로 남아 있다. 이는 다름 아닌 그녀의 불완전함 때문이다. 렘브란트가 그린 초상화를 통해 그녀가 자신의 바보스러운 면에 대해 웃을 줄 아는 사람인 것을, 세상 물정을 아는 척할 필요가 없을 정도로 영민했다는 것을, 자신의 나약함을 잘 알고 자신에게 확신이 필요한 상황에 대한 날카로운 인식에서 나오는 자애롭고 인정 많은 성품을 가진 사람인 것을 어렴풋이 알아차릴 수 있다. 렘브란트는 그녀의 아름다움이나 중요성에 대해 과장할 필요를 전혀 느끼지 않았다. 사실, 렘브란트가 너무도 잘 알고 있었듯, 우리는 결점 많고 연약한 이들을 가장 깊이 사랑하게 된다.

'비지트 브리튼'은 영국 방문객들에게 여행을 장려하기 위해 조직된 정부 기구다. 이들은 임무를 완수하기 위해 도시나 사람은 전혀 등장시키지 않고 파란 하늘, 녹색 목초지, 꽃으로 뒤덮인 강기슭, 깔끔하게 다듬어진 관목이 그려진 광고를 채택했다. 특히 목가적인 풍경을 이상화한 그림으로 유명한 19세기 화가 존 컨스터블의 이름을 열성적으로 활용했다.

하지만 영국이 실제로 어떤 곳인지, 또한 결국에 이 영국이라는 장소에서 (정말로) 무엇을 좋아하게 될지 충분히 고려했다면, 비지트 브리튼은 컨스터블의 작품을 좀 더 깊이 들여다보았을 것이다. 그랬다면 컨스터블이 기묘하리만치 예쁜 풍경을 제쳐 놓고 화가 경력 대부분을 영국의 실제 모습을 그리며 보냈다는 사실을 깨달았으리라. 그것은 낡아빠지고, 비에 흠뻑 젖고, 애처롭고, 습하고, 엉망진창이지만 그럼에도 매혹적이며 눈길을 끄는 영국의 모습이었다. 컨스터블의 많은 작품은 우리에게 끔찍한 날씨, 황폐한 건물, 쓰러진 나무, 부서진 벽과 일상의 좌절에 맞서 고투하는 사람들을 보여주었다.

이때 중요한 점은 그림에 대한 우리의 반응이 겁먹어 돌아서는

존 컨스터블,
〈햄스테드 히스〉, 1820년경

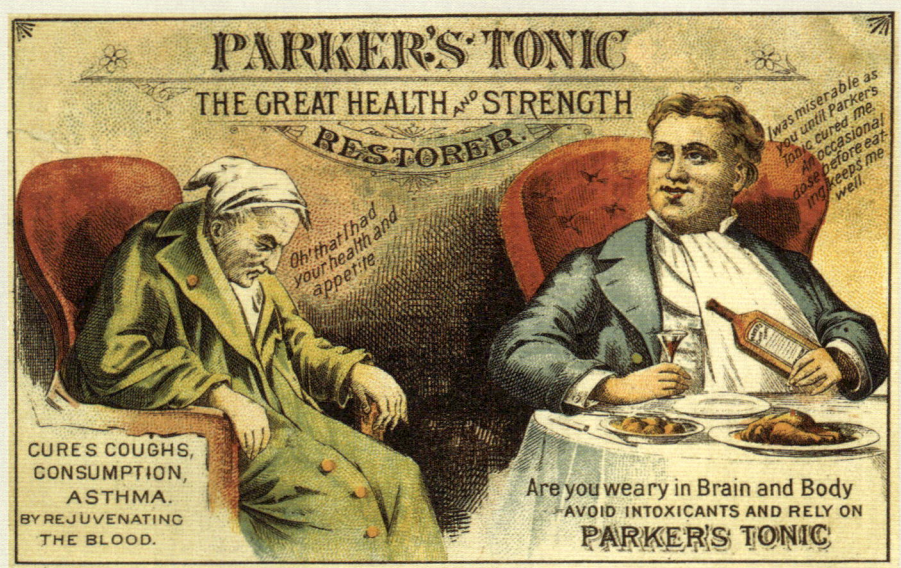

1870~1879년경 광고, '파커스 토닉: 건강과 힘을 되찾아주는 원기 회복제'.

1890년 광고,
'윈슬로 부인의 진정 시럽'.

게 아니라는 사실이다. 컨스터블은 그리 깔끔하지 않은 풍광에서도 주목할 만한 가치 있는 것들이 있다는 걸 확실히 보여주었다. 소나기와 진흙, 망가진 난간과 깨진 타일의 아름다움을, 납빛 지평선 아래에서 펼쳐지는 평범한 노력과 노동의 고귀함에 대해 알려주었다. 예술, 나아가 광고의 임무는 불가능한 이상을 강조하는 것이 아니라 사람과 세상이 가진 진정한 매력에 더욱 주의를 기울이고 그러한 매력에 온정을 품도록 하는 것이다.

현대 광고에는 또 다른 문제가 있다. 바로 늘 긍정적인 메시지만 전달하려고 하고, 슬프거나 우울한 느낌을 주는 광고를 거부하는 것이다.

삶이라는 상태는 본질적으로 비극적이다. 커다란 슬픔이나 상실을 겪지 않고 보내는 날이 거의 없다. 세상 모든 게 근본적으로 슬픔에 괴로워하는 본성을 지니고 있다는 점을 알아차리지 못하고 살아가려면 많은 특권을 누리거나 시야가 좁디좁아야 할 것이다. 하지만 광고는 마치 활기, 평온, 낙관주의가 일반적인 상태인 듯, 우리는 항상 오해받지도 않고 좌절하지도 않으며 죽어야 할 필요도 없는 것처럼 끊임없이 우리에게 반가이 인사를 건넨다. 광고 작업은 물건 구입으로 해결되지 않는 영혼의 침체 상태에 대한 두려움을 전제로 한다. 마치 도취한 행복감 외에 다른 마음 상태를 인지하는 게 상업 사회 전체를 한순간에 붕괴시키기라도 하는 듯 군다. 하지만 이런 성마른 감정과 태도는 우리가 슬플 때마다 당황하지 않고 우리의 기분에 공감해 주는 사람들에게, 우리를 즐겁게 해주거나 빠른 해결책을 찾아야 한다는 의무감 따위를 느끼지 않고 품위 있는 삶 속에서도 슬픔, 고독, 혼란이 자리 잡을 적법한 자리를 인정할 줄 아는 사람들에게 우리가 얼마나 크게 감사하고 있는지를 잊어버리게 만든다.

광고에 대해 큰 목소리로 이의를 제기했던 사람들은 광고가 사기라며 비난했다. 이는 19세기 광고에서 확연히 드러났던 징후로,

수많은 속임수가 존재했다. 광고의 세계에서는 코카인 치통 점적약, 날씬하게 해주는 약초 물약, 젊게 해주는 크림, 성욕을 회복시키는 혁대, 누군가를 자신과 사랑에 빠지게 해주는 조명, 두통을 줄여주는 전기 장치와 청각장애를 치료하는 건전지가 판을 쳤다. 벽에 붙은 광고들을 손톱만큼이라도 믿으려면 헌신적인 순진함이 필요했다.

20세기 초, 주요 경제국에서는 명백한 형태의 속임수 광고를 법률로 근절했다. 제품들은 많건 적건 광고에서 약속한 대로 효능을 발휘하거나, 소비자가 항의할 수 있는 방도를 마련했다.

하지만 광고의 이중성은 그것으로 끝이 아니었다. 이론의 여지는 있을지 몰라도, 이는 더 야심 차고 교묘한 변화의 시작일 뿐이었다. 이러한 변화는 사람을 꼬드기는 마법의 말보다는 심리학이라는 새로운 학문의 통찰에 의존했다. 20세기의 광고는 조용하면서도 정교한 방식으로 대중을 오도하고 혼란스럽게 만들었다. 광고는 더 이상 노골적으로 거짓말할 필요가 없었다. 광고가 사람의 심리적 약점을 잘 이해하고, 이를 능수능란하게 제어하며, 교묘하게 착취하는 법을 터득했기 때문이다.

제2차 세계대전 이후 미국 광고계에서 가장 큰 영향력을 발휘한 인물은 심리학자 에이브러햄 매슬로였다. 1943년 학술지 『심리학 개관Psychological Review』에 발표한 논문 「인간의 동기부여에 대한 이론」에서, 매슬로는 인간의 심리 작용의 본질에 대한 철학을 제시했다. 그의 주장에 따르면 인간은 다양한 범위의 '기본적인' 생리적 욕구들, 이를테면 음식, 주택, 난방, 의복, 교통수단, 의사소통 등의 욕구를 충족시키고자 하는 동기를 부여받는다. 이러한 욕구가 충족되면, 다양한 범위의 '고차원적' 욕구를 충족시키기 위해 움직인다. 바로 사랑, 이해, 관계, 자유, 가능성에 대한 느낌, 의미 혹은 목적, 개성화, 마음의 평화 등이다.

매슬로의 욕구단계설

기본적인 욕구	———	음식
		주택
		난방
		의복
		교통수단
		의사소통

고차원적 욕구 ——— **사랑** (낭만적 사랑, 가족 간의 사랑, 우정)
이해
관계
자유
가능성에 대한 느낌
의미 혹은 목적
개성화
마음의 평화

매슬로가 서술한 욕구 이론(그리고 훗날 이를 다듬어 1954년 출판한 책 『동기와 인격Motivation and Personality』)은 J. 월터 톰슨, 레오 버넷, 크레이그 앤 커멜 같은 미국의 대형 광고 회사에 근무하던 당대의 광고업자들에게 결정적인 영향을 끼쳤다. 이 광고업자들은 자신들에게 일을 의뢰하는 광고주 대부분이, 매슬로의 정의에 따르면 고객들의 '기본적인 욕구'를 충족시키는 사업에 종사하고 있다는 사실을 잘 알고 있었다. 광고주들이 종사하는 사업은 셔츠와 오버코트, 난방용 기름과 담보 대출, 출장 여행과 전화 같은 것들이었다. 대리석과 유리로 장식한 매디슨 애비뉴의 사무실에 발을 들이는 광고주 중 누구도 사랑이나 마음의 평화, 의미나 자유 같은 것을 파는 데 관심이 없었다.

어떤 면에서 보면 이는 매우 곤란한 상황이었다. 매슬로의 주장에 따르면, 인간은 일단 기본적인 욕구가 충족되면 곧바로 고차원적 욕구에 대해서만 생각하기 때문이다. 사람들은 자동차나 여름, 겨울 옷을 손에 넣으면 매슬로가 아리송하게, 하지만 매혹적으로 '자아실현'이라 일컬은 바 있는 바로 그 상태를 갈망할 터였다. 이는 광고업자나 광고주 입장에서는 경제적 재난의 전조처럼 보였다. 만약 약간 낡긴 했어도 운전하는 데는 문제 없는 1948년형 터커 토르페도 세단을 갖고 있다면 교통수단에 대한 욕구는 이미 충족된 것이기에 1953년형 스튜드베이커 커맨더 스타라이너나 올즈모빌 '로켓' V8에 대해서는 흥미가 없을 것이다. 또한 쓸 만한 옷 몇 벌을 이미 가지고 있다면, 이글사社에서 내놓은 신제품 회색 플란넬 정장이나 스프링위브사社의 여름 재킷에는 전혀 흥미가 없을 것이다. 미국의 대량 생산 산업은 인간의 기본 욕구를 효율적으로 충족시킨 바람에 외려 스스로 종말을 초래할 위험에 처하고 말았다.

다행스럽게도, 매슬로의 연구에 그들을 구원할 중요한 실마리가 숨어 있었다. 매슬로가 암시한 바에 따르면 인간은 주의를 빼앗기거나 제대로 인도를 받지 못할 때, 다시 말해 영적 갈망이 좌절

1951년 올즈모빌 자동차 광고.

되거나 이뤄지지 않은 상태로 남아 있을 때 고차원적 욕구를 무시하고 대신 그보다 낮은 욕구에 대한 과도한 갈망을 키우게 된다는 것이다. 매슬로의 암시는 광고업자들에게 장밋빛 기회를 제공해 주었다. 이제 고객을 쇼핑으로 유도하는 방법은 어떠한 제품이 기본적 욕구를 채워주는 기능을 가진 물건이라는 점을 강조하는 것이 아니라는 점은 명확해졌다. 그건 예전 광고업자들이 안이하게 추측하던 가정일 뿐이었다. 기본적인 욕구는 오래전에 해결되었을 공산이 크다. 고객은 차도 갖고 있을 것이고, 비바람을 막아줄 옷도 충분히 갖고 있을 것이다. 광고업자들이 취한 조치는 고차원적 욕구를 넌지시 암시하면서 기본적인 욕구를 채워줄 수 있는 제품을 구매하도록 유도하는 것이었다. 그것은 중요한 영적인 갈구에 대한 해결책이 있음을 암시하는 척하지만, 실은 마지막 순간에 고객을 셔츠나 자동차, 세탁기나 아침 식사용 시리얼 쪽으로 유도하는 것이다. 고차원적인 욕구를 충족시킬 수 있다는 가능성을 예술적 기교에 실어 전달하면 고객들은 이 교묘한 술책을 눈치채지 못할 터였다.

이제 이른바 '좋은' 광고는 구체적인 제안이 되었다. 광고를 보는 사람의 마음속에서 '기본적인' 사물과 애매하게 관련이 있지만 접근하기 어려운 '고차원적' 욕구를 섬세하게 연결하는 소통의 한 형태가 된 것이다. 자동차 광고는 남근을 닮은 로켓 위에서 포옹한 채 아마도 오르가슴을 향해 날아오르고 있을 연인의 이미지를 통해 사랑을 향한 추구와 연결될 수 있다. 정장 광고는 자부심 있고 권위 있어 보이는 배우들을 활용함으로써 직업적 성공에 대한 추구와 연결될 수 있다. 사람들은 자동차나 정장에 실제로 돈을 들이면서 사랑과 의미를 획득하고 있다고 무의식적으로 생각하게 된다. 말은 단순하게 들리지만, 이러한 전략은 그 이후로 소비 자본주의에 강력한 힘을 불어넣는 핵심 요소가 되었다.

이제 거의 모든 광고는 고차원적 욕구를 해소할 수 있다는 암시를 깔고서 물질적인 것을 팔아치운다. 겉보기에는 가방이나 신발, 호텔 숙박권, 주류를 사는 것처럼 보이지만 실제 우리를 무의식적으로 자극하는 것은 우리가 간절히 바라 마지않는 정신적 제품들, 즉 사랑과 의미, 관계와 평온, 이해와 자유에 대한 욕구를 성취할 수 있다는 비밀스러운 약속인 것이다.

현대의 광고업자들은 우리가 무엇을 원하는지 잘 파악하고 있다. 그저 그것을 전혀 인정하지 않고, 팔고자 하지 않을 뿐이다. 제공되는 것처럼 보이지만 실제로는 팔고 있지 않다. 이유는 단순하다. 자본주의가 인간 욕구에 대한 매슬로의 설명에 있는 '고차원적' 범주를 다루는 데 흥미를 느낄 회사를 아직 만들어내지 못했기 때문이다. 이는 그런 회사가 앞으로도 절대 생겨나지 않을 것이라거나 결코 생겨날 수 없다는 말이 아니다. 사람들에게 진실한 친구를 제공하거나 그 친구들과의 관계를 제대로 구축하기 위해 필요한 기술을 공급하는 데 전념하는 회사가 본질적으로 불가능한 일은 아니다. 사람들이 성공적인 관계를 맺도록 돕거나 의미 있는 삶을 영위할 수 있는 방법을 찾도록 헌신적으로 지원하는 거대 기업을 상상하는 것도 충분히 말이 되는 일이다. 그저 현재 자본주의가 우리의 욕구에 대한 최선의 이해에 이르는 데 뒤처져 있을 뿐이다. 우리가 서로 사고파는 상품과 서비스는 인간 욕구의 스펙트럼 중 한 부분만을 충족시킬 뿐인데, 그게 가장 중요한 부분이 아니라는 건 확실하다. 우리는 여전히 자본주의의 열망을 보다 고차원의 스펙트럼으로 끌어올릴 기업가를 기다리고 있다. 이들은 우리의 영적 갈망을 해결하기 위해 기업을 설립하고, 단지 부분적인 만족이 아니라 깊이 있는 만족을 통해 자본주의의 열망을 충족시킬 것이다. 그리고 이는 불필요한 물건들을 기만적으로 팔아치움으로써가 아니라 우리의 다양한 욕구를 진정으로 충족시킴으로써 실현될 것이다.

그러한 사업가를 기다리는 과정에서 우리는 상품을 파는 산업의 활동으로 인해 점차 지쳐갈지도 모른다. 세계적 대도시의 중심지는 하나같이 환하게 빛나는 거대한 크기의 조명 광고판으로 뒤덮여 있다. 10층 정도의 높이로 걸려 있는 이 광고판들은 현재 사람들이 처한 상황이나 필요와는 관련이 적거나 의문스러운 물건들을 소비자에게 홍보하고 있다. 도쿄의 시부야 교차로에서는 하루에 백만 명의 사람들이 헤어용품과 아이스캔디, 립스틱, 위스키 병이 등장하는 거대한 광고를 올려다본다. 데오도런트와 섬유 유연제에 대한 상투적인 표현들로 밤하늘이 환하게 빛난다.

사회가 물건 판매에 대한 터무니없는 집착을 키워왔다는 결론을 내리고 싶은 마음이 굴뚝같기는 하다. 사실 우리는 늘 판매에 관심을 가져왔다. 변한 건 그저 무엇을 팔고 있느냐는 것뿐이다.

12세기 후반, 유럽 북부 전역에서 옥외 조명 광고에 행해진 커다란 노력의 결과가 드디어 형태를 갖추었다. 캔터베리와 우스터, 웰스와 솔즈베리, 샤르트르와 랭스, 메츠와 쾰른에서 건축 장인들이 거대한 스테인드글라스 창문이 달린 대성당들을 짓기 시작했다. 이 스테인드글라스는 피커딜리 광장이나 타임스 스퀘어에 걸린 광고판보다 몇 배는 더 밝고 컸다. 빨간색과 녹색의 반짝이는 사각형, 그리고 보라색과 노랑의 화려한 꽃잎 모양으로 가득한 이 빛나는 창문들은 햄버거와 립밤에 관한 관심을 불러일으키려 애쓰기보다는 다른 메시지를 전달한다. 이 빛나는 광고판은 그 아래에 있는 사람들에게 사랑과 자비, 구원과 우울을 이야기한다. 뜨고 지는 해를 받아 빛으로 꽉 찰 때, 이 창문들은 우리보다 나약하거나 더 큰 고난을 겪는 이들에 대한 친절과 배려에 대해 눈부시게 빛나는 밝기로 이야기한다. 이 창문들은 우리가 겸손하고 사려 깊기를, 열린 마음을 가지고 상냥하기를 소망한다.

대성당들을 후원하는 특정 종교에 대해 구체적으로 거론할 여유는 없지만, 그 포부만은 주목할 가치가 있다. 각지의 대성당들은 판매라는 업에 종사했지만, 인간 본성의 가장 복잡하면서도 고귀한 측면을 광고하는 것을 목표로 했다. 중세 기독교 교회는 현대의 기업에 전혀 뒤지지 않는 국제적인 사업체였지만, 재정상의 통찰력, 관리 규율과 정신적 의도를 결합하여 매슬로적 의미의 고차원적 욕구를 충족하는 데 중점을 두었다. 이는 교회의 수많은 잘못에도 불구하고 여전히 우리 시대에 큰 영감을 준다.

우리는 미래를 위한 더 품위 있는 형태의 광고를 상상할 수 있다. 떼를 쓰거나 소리를 지르거나 성가시게 하거나 추어올리지 않고, 그리고 무엇보다 무언가를 제공하는 듯 굴면서 실은 전혀 다른 걸 팔기 위해 사람들의 주의를 자극할 필요가 없는 그런 광고 말이다. 이러한 유형의 광고는 다른 형태의 고객층을 갖게 될 것이다. 일부는 여전히 셔츠나 머리 손질용 상품을 만들겠지만, 다른 일부는 우리의 고차원적 욕구에 대한 해결책을 개척할지 모른다. 미래의 쇼핑 구역에는 고독에 대한 효과적인 지원, 상심에 대한 치료법과 안정을 누리는 전략을 홍보하는 빛나는 대형 광고판이 있을지 모른다. 우리는 아직 자본주의의 새벽에 머물러 있다. 따라서 서로의 번영을 위해 필요한 것들을 올바르게 사고파는 방법도 이제 막 알아가는 단계에 있는 셈이다.

3

물질주의   Materialism

현대 사회의 문제는 지나치게 '물질주의적'이라는 데 있다고들 말한다. 즉 우리가 지나칠 정도로 물건 구입에 흥미를 보인다는 뜻이다. 이 지적이 전적으로 타당하다 볼 수는 없지만, 우리가 무척이나 물질주의적이긴 하다. 그건 우리가 물건을 많이 사서가 아니라 뭘 사든 그 물건에는 우리 마음의 상태에 영향을 미치는 힘이 있으리라는 커다란 믿음을 품고 있기 때문이다. 우리는 탐욕스럽기보다는 희망을 품고 구매를 한다. 예를 들어, 특정한 종류의 다이아몬드 반지가 조화롭고 지속적인 연인 관계를 유지하는 데 도움을 줄 수 있다는, 혹은 청량음료가 가족의 분열을 치료하는 데 도움이 될 수 있다는 믿음을 키워가는 것인지도 모른다.

1950년경 코카콜라 광고, '이것은 가족 행사'.

물건을 소유함으로써 복잡다단한 정신적 열망을 충족시킬 수 있을지 모른다는 믿음은 우리 시대의 안타까운 특징이다. 우리는 물건이 우리의 내면에서 작동하는 까다롭고 난해한 부분들을 바꿔주길 바란다. 비누 한 개가 걱정에 마침표를 찍어주길, 가방 한 개가 회복을 바라는 마음에 도움을 주길, 손목시계 한 개가 경계심 많은 아이와의 관계에 놓인 장애물을 치워주길 바라는 것이다.

거의 대부분의 종교가 물질적 대상을 이용해 왔다. 종교는 특정한 가구, 의복, 건물, 조각상, 이미지에 큰 비용을 투자했고, 이것들을 자신들의 영적 임무에 대한 보조물로 간주했다. 해당 종교의 내부에서 이에 대한 논쟁이 없지는 않았다. 영적 변화에는 영적인 수단만이 필요하며, 영혼 치유에 물질적 대상은 필요하지 않다고 주장해 온 소수의 신도들은 물질적 형식에 대한 의존을 맹렬하게 비난했다.

이러한 물질주의에 대한 종교적 차원의 적개심은 종교개혁 초기에 유럽에서 절정에 달했다. '우상 파괴'라 알려진 조직적인 약탈과 파괴가 잉글랜드, 저지대 국가*, 독일의 일부 지역에서 발발했다. 물질주의의 영적 반대자들은 마음에 영적 목표를 품은 사람이라면 물질적 형태에 관심을 두는 것을 피해야 한다는 점을 강조하기 위해 우아한 사제복을 불태우고, 그림을 박살 내고, 설교단을 쪼개어 땔감으로 썼으며, 조각상에서 머리를 잘라냈다.

하지만 거의 모든 종교에서 종교의 주된 방향이 확정적으로 정해진 적은 없었다. 흥미롭게도, (소비지상주의를 둘러싸고 우상 파괴자들과 제 나름으로 씨름하고 있는) 현대에 접어들자 종교는 물질주의에 자리를 내어주었다. 종교는 실용적인 경고를 곁들여 가면서 '좋은 물질주의' 같은 것이 있을지도 모른다고 암시했다. 좋은 물질주의란 삶이라는 커다란 맥락에서 물질적 대상에 대한 올바르고 균형 잡힌 위치를 추구하는 과정에서 얻는 수확이라 보았다. 이는 일부 우상 파괴주의자들이 그러했듯 모든 물질적인 것은 쓸모없는

●
유럽 북해 연안의 벨기에, 네덜란드, 룩셈부르크 등을 통칭하는 말.

것이며, 따라서 물질적인 것에 대한 관심은 조롱받고 의심받아 마땅하다고 가정하지 않는다는 의미다. 또한 물질적인 것이 복잡한 심리적 딜레마를 완화시키는 마법 비슷한 힘을 지니고 있으리라고 상상하지 않는다는 의미이기도 하다. 좋은 물질주의는 물질적인 것이 성취감, 인간관계, 목적, 마음의 평화를 획득하기 위한 고된 정신적 작업에 기여할 수는 있을지언정 그 작업을 대체할 수는 없다고 시사한다.

물질적 대상이 도움이 되는 경우는 보통 일상의 소음 속에서 잊히기 쉬운 태도와 마음가짐을 시각적 형태로 구현할 때다. 종교나 영적인 가치들은 종종 물질적인 형태를 통해 더욱 두드러지고, 이는 내면적인 이해와 평화를 촉진한다. 이를테면 기독교인에게 알프스 목재로 만든 예배당의 내부 장식—비뚤배뚤한 신도석과 벽, 제단 위 성모상의 때 묻지 않은 모습—은 겸양 혹은 인내라는 개념이 그저 책을 통해 설명을 들었을 때보다 훨씬 더 직접 와닿으면서도 현실적인 것으로 느껴지도록 할 수 있다. 내면에서 찾던 평화가 외부의 형태에서 강건한 격려를 받는 것이다.

이와 비슷하게, 선불교의 그릇은 그 형태와 모양을 통해, 즉 그릇이 지닌 소박함, 불완전함에 대한 우아한 수용, 위엄 있는 단순함을 통해 관람자를 선불교의 핵심 교의로 이끈다. 어떤 영적인 개념은 눈으로 흡수할 수 있는 물질적 등가물을 사용할 때 신자들이 더 쉽게 기억하고 실천하게 된다. 이 경우, 물질적 대상은 장려하고 격려하는 역할을 한다고 볼 수 있다. 물건의 디자인은 내면의 목적지를 가리키고 있다. 비록 그 자체로는 우리 모두를 그곳으로 이끌 수 없다고 해도.

물질적 대상에 관한 이러한 철학은 소비의 영역에도 적용될 수 있다. 세속적인 물건도 종교적 물건과 똑같이 중요한 가치를 구체화하여 나타낼 수 있다. 희망이나 용기, 올곧음과 자상함을 표현할 수 있는 것이다. 물건을 소유함으로써 그 물건이 가리키는

가치를, 만약 그 물건이 없었더라면 우리 머릿속에서 이따금 떠올랐을지도 모를 그러한 가치들을 더 안정적이고 더 튼튼하며 더 설득력 있게 키워갈 기회를 얻는다. 물질적 대상이 내면의 혁명을 촉발토록 하는 것이다. 물려받은 시계는 사랑하는 가족의 삶에 대한 추억을 상기시켜 주는 부적처럼 기능할 수 있다. 좋은 원재료에 정성과 주의를 기울여 손으로 직접 만든 의자는 수용의 자세를 북돋아 줄 수 있다. 마치 대안처럼, 물건은 사람의 행동 방식을 변화시키는 자극제가 될 수도 있다. 부끄러움이 많은 사람에게 선글라스는 자신감이라는 보호 지역을 발견하는 데 도움이 될 수 있다. 밝고 화사한 색깔의 새 옷은 슬픈 과거와의 단절을 확고히 하는 역할을 맡을 수 있다.

따라서 물질적 대상이 성취에 아무런 역할도 하지 않는다고는 할 수 없다. 다만 우리 자신과 타인과의 관계에 대한 노력과 이해가

18세기 선불교의 그릇.

중요하다. 안정은 특정 목적지로 비행기를 타고 날아가 노천탕에 몸을 담근다고 해서 찾아오지 않는다. 오랫동안 묻혀 있던 불안의 희미한 근원을 시간을 들여 끈기 있게 탐구함으로써 얻을 수 있다. 마찬가지로, 우정이란 특정 상표의 청량음료에서 마술처럼 출현하지 않는다. 우정은 우리 자신이 누군가에게 쓸모 있는 존재가 되어야 한다고, 그 누군가의 주변에 머물며 담대하게 약점을 드러내고, 그 누군가가 우리에게 말하는 것을 상상력을 동원해 해석하는 법을 배워야 한다고 요구한다. 화목한 가족은 새 시계를 획득한다고 해서 완성되지 않는다. 사춘기의 수많은 시련 앞에서 발휘할 수 있는 인내심, 그리고 일시적으로는 긴장과 비난을 수반할지 모르지만 그럼에도 적절한 선을 그을 줄 아는 용기가 필요하다.

현대는 우리가 이런 문제의 상당 부분에 대해서 준비가 덜 되어 있다고 느끼도록 만들었다. 그러면서 우리가 구입한 제품으로부터 마법 같은 해결책이 생겨나리라는 과도한 믿음을 품도록 조장해 왔다. 상품이 실제 효과보다 더 큰 영향을 발휘할 수 있다고 믿게 만들었다. 어떤 면에서 보면, 이로 인해 우리가 가진 탐욕에 대해 유죄를 선고한 과격한 우상 파괴주의를 낳은 셈이다. 우리 주변의 물건들이 특별한 색상과 형태를 가지고 있으며, 우리가 매일 보고 만지는 물건들에 독특한 분위기와 정신이 깃들어 있다는 사실은 우리의 마음 상태에 매우 큰 영향을 미칠 수 있다. 하지만 아름다움이란 그저 지혜의 시종일 뿐이다. 아름다움 그 자체로는 촉매가 될 수 없다. 우리는 물질적인 삶을 과도하게 헐뜯거나 찬양하지 않도록 주의해야 한다. 우리가 투자하는 물건, 즉 우리 자신과 이 행성의 기력을 소진해 만들어낸 물건들이 우리의 고귀하고 훌륭한 자질을 북돋는 데 최선의 기회를 제공하는지 확인해야 한다.

4

매체 　　　　　　　　　　　　　　　　　Media

19세기 중엽, 세계가 급격히 현대화되는 와중에 예술가들은 점점 인기를 더해가던 모종의 활동에 주목하기 시작했다. 이 활동이 그들의 미적 관심을 끈 까닭은 그 새로움만큼이나 애초에 갖고 있던 중요성 때문이다. 이 활동은 종래의 틀에 박힌 습관을 밀어내고 일상의 구조에 깊이 침투했다. 또한 사람들의 내면에 친밀한 세계를 형성해 나갔고, 고요한 순간이 생길 때마다 사람들이 의지하는 대상이 되어갔다. 독일 철학자 헤겔이 언급했듯 모든 현대 시민들의 삶에서 아침 기도를 대체한 이 성스럽고 근엄한 절차는 다름 아닌 신문 읽기다.

19세기는 신문 발행 부수와 독자 수의 폭발적인 증가를 목도한 시기였다. 여기에는 기술혁신이 큰 몫을 차지했다. 오래된 섬유(삼, 아마, 면)로 어렵게 제작하던 종이는 1840년대 후반부터 목재 펄프에서 추출한 섬유로 생산되어 비용이 크게 절감되었다. 1850년대에는 고속 증기 구동 회전식 인쇄기가 개발되었고, 뒤이어 1870년대에는 연판鉛版이, 1884년에는 라이노타이프•가 개발되었다. 1850년 이후 30년 동안, 유럽과 미 대륙에서 신문 용지 한 장을 생산하는 데 드는 비용의 90퍼센트가 절감되었다. 동시에 점점 더 많은 사람들이 글을 읽을 수 있게 되었다. 1800년에는 영국의 인구 중 약 50퍼센트가 문맹이었다. 1870년이 되자 문맹률은 22퍼센트, 1900년에는 3퍼센트가 되었다. 이 수치는 프랑스, 미국, 독일에서도 거의 동일하게 반복되었다. 여기에 더하여 1850년 이후 철도가 급격히 확장되면서 현대화된 국가에서는 불과 몇

• 주조 식자기. 사람이 식자하여 판을 짜던 기존의 과정을 기계가 대신하여 조판 시간이 혁명적으로 단축되었다.

시간이면 수도와 대도시에서 지방까지 신문을 수송할 수 있었다.

1837년에 발명된 모스전신기와 1858년에 완공된 대서양 횡단 케이블 덕에 유럽과 북미 사이의 통신 시간이 (배를 타고) 열흘에서 불과 몇 분으로 단축되었다. 이에 따라 신문에 인쇄할 소식의 선택지도 무궁무진하게 늘어났다. 1876년에 전화기가, 1878년에 상업적으로 성공한 세계 최초의 타자기 레밍턴 2호가 발명되어 기자들은 더 효율적으로 작업할 수 있었다.

이러한 발전을 바탕으로 진정한 의미의 대중신문들이 출현하기 시작했다. 1870년이 되자 뉴욕에서『더 선』,『뉴욕 헤럴드』,『뉴욕 데일리 뉴스』의 독자는 각각 하루 10만 명에 이르렀다. 독일에서는『베를리너 모르겐포스트』가 1898년 이후 매일 40만 부가 팔렸다. 영국의『데일리 텔레그래프』는 1876년까지 35만 부가 발행되었다. 1890년 프랑스에서는『르 쁘띠 주르날』이 세계 최초로 100만 부를 팔아치웠고, 이후 5년 만에 200만이 되었다.

이러한 발행 부수를 획득하기 위해, 신문은 인간 심리를 이해하는 데 있어 무척이나 중요한 지점을 발견해 냈다. 바로 타인의 재난 이야기를 거부하는 사람은 없다는 사실이다. 신문에게는 다행스럽게도, 19세기는 유달리 재난이 많이 초래된 시대였다. 당시 도입된 신기술들은 엄청나게 강력한 동시에 (참으로 고맙게도) 믿을 만하지 않았다. 해저 전신 케이블을 통해 긴급히 타전되어 밝혀진 바에 따르면, 거의 매일 세계 어딘가에서 탄약고가 터지고, 다리가 무너지거나 고층 건물이 침몰했다. 철도는 신문 편집자들에게는 신이 주신 선물이었다. 1853년 1월 6일, 미국 동부 해안의 신문들이 설명한 바에 따르면, 대통령 당선인 프랭클린 피어스와 그의 아내 제인, 그리고 아들 벤저민을 태우고 가던 기차가 탈선하여 매사추세츠주 앤도버 근방에 있던 제방을 무너뜨렸고, 아들은 그 사고로 즉사했다(신문은 사망한 아들을 '무고한 벤'이라 명명했다). 그로부터 불과 몇 달 뒤, 코네티컷에서는 달리던 기차가 개방 상

윌리엄 메리트 체이스,
〈아침 뉴스〉, 1886년경

1853년 8월 로드아일랜드주 포터킷 근방 프로비던스 앤 우스턴 철도 열차 사고 사진. 최초의 열차 사고 사진으로 알려져 있다.

1894년 『뉴욕 포스트』 지면.

태의 도개교를 넘다가 노워크강으로 추락하여 46명이 사망하고 30명이 중상을 입었다.

이른바 1856년 '대열차 사고'에서는 느스 펜실베이니아 레일로드 소속의 여객 열차 두 대가 캠프힐에서 정면으로 충돌했다. 59명이 숨지고 200명 이상이 심한 화상을 입었다. 열차 기관사 중 한 명은 사고 당일 자살했다. 신문들은 경악했다.

아침 식사 자리에서 신문 구독자들을 얼어붙게 만드는 더욱 강력한 능력은 사진의 발명을 통해 가능해졌다. 사진으로 기록된 최초의 열차 사고는 1853년 8월 로드아일랜드 밸리 폴스에서 일어난 정면충돌 사고로, 13명이 사망하고 50명이 크게 다쳤다.

기술이 초래한 재난에 더하여, 사람들의 주의를 끄는 살인사건이 끊임없이 일어났다. 선덜랜드 태생 메리 앤 코튼은 비소를 채운 찻주전자로 21명을 독살하여 1873년에 맨체스터에서 교수형에 처해졌다. 케이트 웹스터는 1879년 런던 리치몬드에서 자기 고용주인 줄리아 마사를 살해하고 시체를 토막 냈다. 간호사 어밀리아 다이어는 빅토리아 여왕 시대 영국에서 가장 많은 아이들을 살해한 살해범으로, 1896년 400명의 아기를 살해한 죄로 뉴게이트 감옥에서 교수형에 처해졌다.

어떤 범죄는 쉽게 혹은 빨리 해결되지 않았는데, 신문사 입장에서는 좋은 점이기도 했다. 1894년 뉴욕에서 13세 수지 마틴이 유괴당했다. 3주 뒤 한 신문이 '한때는 어여뻤던 몸'이라 일컬은, 머리와 두 팔이 없는 몸통이 발견되었지만, 해방 노예인 떠돌이가 살인죄로 기소되기까지 5년이나 걸렸다. 그러는 동안 '머리, 다리, 팔은 어디 있는가?'라는 『뉴욕 포스트』의 기사를 비롯해 온갖 신문들은 수많은 의문과 추측 기사들을 쏟아냈다.

역사에서는 늘 끔찍한 일들이 벌어진다. 하지만 그토록 많은 사람들이 전 세계에서 신중하게 그러모은 최악의 사건에 규칙적으로 노출된 적은 지금껏 없었다. 매일 신문을 읽는다는 것은 자발적으로 공포의 강물에 몸을 적시는 것이나 마찬가지였다. 신문은 여간해서는 일어나기 어려운 별난 가능성을 열심히 강조함으로써 사람들이 이 행성을 디스토피아적 늪으로 생각하도록 가르쳤다. 그곳은 낯선 사람들이 끊임없이 여학생을 유괴하여 토막을 내는 곳이었고, 아기들이 밤마다 납치되는 곳이었으며, 물이 불어난 싸늘한 강에 기차들이 노상 떨어지는 곳이었고, 모든 간호사가 소아성애자이며 모든 정부 관리자가 사기꾼인 곳이었다. 그리하여 신뢰하거나 희망을 품거나 휴식하거나 영감을 얻는 것 따위가 터무니없는 일이 되어버린 장소로 여기도록 가르친 것이다.

신문은 사건을 보다 명확히 살펴볼 계몽의 도구인 척했지만, 결국은 실제 삶의 모습을 모호하게 만들고 말았다. 신문은 대부분 사람이 친절하다는 사실을, 기차는 대부분 목적지에 도착한다는 사실을, 정부에서도 감동적이고 훌륭한 일이 벌어진다는 사실을, 대부분의 날들은 조용히 별일 없이 지나간다는 사실을 잊어버리게 만들었다. 대서양 횡단 케이블, 기자회견, 해외 지국 등이 있음에도 불구하고, 신문은 우리에게 '정보를 제공'하기는커녕 오히려 우리를 사람, 기술, 그리고 정부의 진정한 본질로부터 멀어지게 했다. 그리하여 매일 뉴스를 접할 방법은 없었지만 자신의 감각적인 경험을 통해 현실을 그려낼 줄 알았던 중세 시대의 문맹 농부보다도 더 아는 게 적은 상태가 되었다.

이와 관련하여 신문이 초래한 위험 중 하나는 사람들이 신문에 익숙해지면 감정을 잊어버릴 수 있다는 점이었다. 신문은 분노, 공포, 슬픔, 동정, 공감 등의 많은 감정을 느끼도록 도와주는 듯 보였다. 신문 역시도 자신들의 고상한 목적을 설명할 때 자기들이 무지와 편견을 내쫓고 여러 민족이 서로를 더 잘 이해하도록 돕는 일에 종사한다고 힘주어 주장했다. 하지만 신문이 제공하는 다양한 정보에도 불구하고, 우리가 이를 충분히 이해하고 활용하

폴 세잔,
《『레벤느망』을 읽고 있는 화가의 아버지》, 1866년

는가 하는 면에서는 뚜렷한 약점이 드러났다. 놀랍게도 고통스러운 사연을 접했을 때, 우리 마음이 실제로 움직이는 경우는 거의 없다. 예를 들어 신문은 지진으로 5만 명이 사망했고, 고아원이 불에 타 200명이 죽었고, 다른 대륙에 흉년이 들었으며, 그린란드에서 선박이 좌초했고, 누군가 도끼로 일가족을 살해했다고 알려주는데, 우리의 반응이란 그저 잠시 한숨을 쉬고는 시선을 들어 다음 페이지를 넘기는 데 그친다. 보도되고 있는 극적인 사건들과, 아침 식사 자리에서 이십여 건의 기사를 읽는 동안 전형적으로 나타나는 무심함과 태평함 사이에 으스스한 간극이 생기는 것이다.

인간은 사회적인 동물로, 지역 사회에서 타인과 밀접한 관계를 맺으며 살아간다. 어떤 생각이 우리의 영혼 안에서 강력해지기 위해서는 경험이나 구체적인 이야기에 뿌리를 내려야 한다. 예술가들은 이 점을 잘 알고 있었다. 그래서 재능 있는 이야기꾼의 손에서는 어린아이가 아끼던 장난감을 잃어버렸다는 이야기가, 지구 반대편에서 일어난 잔인한 내전으로 1만 명의 전투원이 사망했다는 아침 신문 기사보다 훨씬 더 고통스러운 감정을 끌어낼 수 있는 것이다.

현대의 신문은 자신들이 그저 사실관계를 수집하는 일에 종사하는 것이 아니라 사람들이 관심을 갖도록 해야 한다는 사실을 간과했다. 예술가의 역할을 고려해야 한다는 점을 깜박 잊은 것이다. 신문은 그들의 주요 적수가 무지가 아니라 무관심이라는 사실을 간과했고, 이에 대한 해결책은 문학과 시각 예술의 보고에서 찾아낸 온갖 기법에 있다는 것을 놓치고 있었다. 1816년, 프랑스 신문들은 해군 호위함 메두사호가 아프리카 해안에 좌초되어 133명이 목숨을 잃었다고 보도했다. 며칠 동안 필사적으로 뗏목에 매달려 있던 몇 명만이 겨우 살아남았다. 신문 지면에서 그 사건은 매일 벌어지는 해양 재난 사고의 광대한 목록에 속한, 쉽게 잊힐 사건에 불과했다. 하지만 프랑스의 위대한 화가 제리코

테오도르 제리코,
〈메두사호의 뗏목〉, 1818~1819년경

파블로 피카소,
〈죽은 아이를 안은 어머니 II. 게르니카에 덧붙인 후기〉,
1937년

는 이 사건을 인류의 상상 속에 영원히 살아 있게 만들었다. 그는 몇 달에 걸쳐 그 운명의 뗏목을 타고 있던 인물들의 위치와 그들의 표정, 파도와 하늘을 주의 깊게 조사했다. 내용을 다듬고 그림을 완성하는 과정에서 특정 사건의 개별적 경험을 통해 보편적인 가치와 의미를 찾을 수 있도록 노력했다.

1937년 4월, 피카소는 몇십 년 전의 제리코와 마찬가지로 충격적인 신문 기사를 마주했다. 게르니카라는 마을에서 벌어진 민간인 학살을 알리기 위해, 피카소는 제리코와 마찬가지로 전쟁의 광기에 대한 혐오와 분노를 그림으로 표현했다. 독일 공군 소속 콘도르 군단이 바스크 지역의 한 마을을 폭격했다*는『인터내셔널 헤럴드 트리뷴』의 칼럼만으로는 결코 느끼지 못했을 감정을 이 그림을 통해 전달받을 수 있었다.

• 프랑코 장군은 히틀러와 무솔리니의 지원을 받아 공군 폭격기 55대를 게르니카에 보냈다. 게르니카는 스페인으로부터 분리 독립을 희망하던 바스크 민족의 성지와 같은 곳이었다.

예술은 그저 우리가 감정을 느끼게 하는 데만 머물지 않고, 우리가 얼마나 많은 것을 잊고 있는지 상기시킨다. 제리코나 피카소와 달리, 앤디 워홀은 매체 자체가 가진, 감정을 둔화시키는 힘을 겨냥했다. 1962년 6월 3일 오를리 공항에서 에어 프랑스 보잉 707 항공기가 이륙 도중 추락하여 승객과 승무원 중 세 명을 제외한 전원이 사망했다. 이때 워홀은 이 심각한 사건을—신문들은 인정하지 않겠지만—사람들이나 언론사들이 얼마나 사소하게 여길지 전달하고 싶었다. 현대 신문이 19세기 초부터 사람들을 두려운 사건들로 둘러싸며 이러한 사건들을 평범하고 일상적인 것으로 만들어버렸다는 점을 비판했다. 우리는 잠시 호기심을 품고 절단된 팔이나 다리에 관심을 두다가, 일상으로 돌아갈 것이다.

그 끔찍한 아침 신문 1면을 실크 스크린으로 추상하여 변환시키면서, 워홀은 지금껏 우리가 눈치채지 못한 냉담함을 주제로 삼았다. 이 작품을 만든 이유가 무엇이냐는 질문을 받았을 때 워홀은 다음과 같이 말했다. "이걸 만든 이유 말이죠. 라디오를 켤 때마다 '400만 명이 죽었다'는 말이 나오니까요. 그런데 무시무시한 사진들을 계속 보고 또 보다 보면 그 사진들은 아무런 영향도 끼치지 못합니다."

일상적인 무관심에서 우리를 일깨우는 작품을 만드는 것, 우리가 이전에 그랬듯 새까맣게 타버린 이 비행기의 모습을 금방 잊어버리지 못하게 하는 것이 워홀의 목표였다. 언론매체에 처음 보도된 후 에어 프랑스 007편은 사람들의 기억에서 잊혔지만, 워홀의 천재성 덕분에 제리코의 뗏목과 피카소의 울부짖는 어머니처럼 예술의 연대기에 영원토록 살아남을 것이다.

현대적 의미의 신문이 존재하기 전 수 세기 동안, 우리가 뉴스라고 부르는 것은 주로 왕실과 왕국의 변경 사이를 오가는, 보통은 막대한 비용이 드는 정보 교환으로 이루어졌다. 동부에는 곡식이 부족하고, 남부에서는 침공에 대한 소문이 돌고 있으며, 이웃 국가에서 들이는 구리 가격이 알 수 없는 이유로 올랐다거나, 산맥

앤디 워홀,
〈제트기에서 129명 사망〉,
1962년

근처의 마을에서 불온한 기운이 감돈다는 등의 내용을 알리는 편지들이 왕에게 도착하곤 했다. 이 정보들은 유용하면서도 목표가 분명했으며, 왕은 이 정보에 따라 조처해야 했다.

신문은 뉴스의 이러한 역할 중 상당 부분을 수용하면서 발전했고, 정부를 운영하는 이들에게 매우 중요한 정보를 지속해서 실어 날랐다. 하지만 이제는 민주주의적 정신에 근거하여 모든 이에게 정보가 전달된다. 뉴스는 헤브리디스 제도의 캐슬베이에서 양을 치는 농부에게도, 바이에른주 가르미슈파르텐키르헨의 와인 수입상에게도, 앨버타주 핀처 크리크의 퇴역 병사에게도 전달된다. 아침마다 문간에 도착하는 이 수많은 정보들은 긴급하면서도 걱정스러움을 느끼게 하기 십상이다. 의회에서는 누군가 판공비를 도둑질하고 있었고, 자연보호 구역에서는 석유가 유출되고 있었으며, 균류가 수확을 망치고 있을 뿐 아니라 감사실의 부실한 관리 때문에 적자가 불어나는 중이었다……. 그러니 근심하는 것이 당연하고, 전화기를 들어 매섭게 질문하고 해결책을 찾고픈 충동이 들 수밖에 없다.

그러다가 현실을 겸허히 자각하는 때가 찾아온다. 신문이 배달되기는 해도, 사실 우체국에서 일하거나 3세 미만 아이들로 이루어진 학급에서 수학을 가르치거나, 볼링장을 관리하거나 나이 든 친척을 돌보며 살아가고 있을 뿐이다. 머릿속 상상과는 달리 전화를 걸 사람도 없다. 변변한 아이디어가 떠오를 성싶지도 않다. 외교부 장관과 현안을 토론하는 긴급회의 따위도 없다. 이것이야말로 현대 민주주의 국가에서 신문이 만들어낸 역설적인 심리 상태다. 온갖 정보에 해박하고 걱정과 고민이 깊은 동시에 무력한 상태가 된다.

분노로 반응할 수도 있다. 상이군인들의 복지 개혁 문제에 관하여 우리의 조언을 따르지 않는 정치가나 고도소 제도에 대한 우리의 의견에 귀를 기울이지 않는 장관의 사진이나 영상 앞에서 주먹을 휘두를 수 있다. 경제 운용이나 16세 견습생 교육 계획에 대한 방안을 제시하는 분노의 편지를 신문사에 보낼 수도 있다. 저녁 식사를 준비하는 사랑하는 사람에게 농업 분야의 공급망에서 정확히 무슨 일이 벌어져야 하는지를 정확히 설명할 수도 있다.

신문이 우리에게 말하지 않는 것은 이에 대한 가장 현명한 조치가 현대 사회에서는 일어날 확률이 낮을뿐더러 마치 금기처럼 들리는 조치일 수도 있다는 점이다. 그 조치란 바로 귀를 막는 것, 하다못해 좀 덜 듣는 것이다. 온갖 불법행위와 무능에 관심을 기울이지 않는 것, 재무부 관리들의 사진에다 대고 호응 없는 연설을 계속 해대지 않는 것, 철도 노선의 전화電化로 인해 다음에 벌어질 일이 무엇일지 자꾸 생각하지 않는 것이다. 이런 문제들과 그 외의 다른 수많은 문제들이 중요하긴 할 테다. 하지만 신문이 암시하는 것과는 달리, 사실 이런 문제들은 우리에게 중요한 문제가 아니다.

누군가는 정부의 혼란을 정리해야 하고, 경제에 대한 거창한 질문을 자신에게 던져야 하며, 도로 공사 계획이 지연되는 상황을 수습해야 한다. 하지만 그것이 지금 우리 발등에 떨어진 불은 아니다. 운명은 우리에게 다른 모습의 부담을 지운다. 우리의 책임은 덜 칭송받고 덜 돋보이는 곳에 있다. 우리의 책임은 겉으로는 무뚝뚝해 보이지만 필사적으로 상황에 대처하고자 하는 아이, 자신의 역할을 혼란스러워하는 동료, 그리고 불안정하고 좀체 알 수 없는 우리의 마음에 있다. 그러므로 가장 우선시되어야 하는 것은 알지 않는 것일지도 모른다. 그래야 더 중요하면서도 자기 가정과 밀접한 관계가 있는 다른 문제들이 응당 가져야 할 중요성을 회복할 수 있을 테니까.

그렇긴 해도, 뉴스에 대한 우리의 집착은 우연한 것이 아니다. 삶이 너무 힘들어 뉴스의 품에 스스로 몸을 던지고픈 마음이 들기도 한다. 관계에서 겪는 딜레마, 직업과 관련된 문제, 해결되지 않

메리 케세트,
《『르피가로』를 읽는 모습》, 1878년

는 회한과 과거에 입은 상처, 이 모든 게 고통스럽고 버겁다 보니 사나운 허리케인이 저 먼 열대지방을 휩쓸었다거나 외국의 어느 작은 마을에서 비참한 살인사건이 일어났다는 등의 뉴스에 빠져 우리 자신을 말소해 버리는 것을 강박적인 즐거움으로 여긴다고 볼 수도 있다. 뉴스는 너무도 힘겨운 삶을 잠시 잊을 수 있는 도구가 되는 것이다.

신문은 혼란에 빠진 우리를 따뜻이 맞아주고 싶어 한다. 신문은 우리를 초대하여 끊임없이 등장하는 인물과 사건 사고들이 만들어내는 고민과 기쁨을 나눈다. 또한 특정 문제(어떤 법은 왜 통과되어야 했나, 경찰은 어쩌다 그 사건을 망쳤나, 채권 시장은 왜 그렇게 반응했나)에 대한 지식을 키우도록 북돋는다. 신문은 무척이나 잔인하다. 신문은 이게 우리의 문제이며, 지금 우리에게 정말로 중요한 문제인 양 굴지만, 얼마 안 가 그 중요하다던 문제들은 썰물 빠지듯 사라질 것이다. 그러는 동안 우리 삶의 모래시계는 조용히, 그리고 냉혹하게 계속 줄어들 것이다.

신문이 일으키는 문제는 신문의 권위로 이어진다. 신문의 권위란 사회의 중심에 떡하니 자리 잡은 뒤 무엇이 중요한지, 우리는 누구인지 등을 결정할 힘을 자기들이 소유하고 있다는 점을 우리에게 납득시키는 것이다. 이 능력은 신문의 기술과 인력, 발행인과 겁 없는 기자들에 의해 만들어진다. 신문은 우리가 살고 있는 나라가 어떤 곳인지, 진짜 중요한 게 무엇인지 우리에게 말해준다. 사안의 중요성을 중재하고, 사건을 체처럼 걸러 선별하며, 인류의 경험을 정의롭게 판결한다. 신문을 쭉 따라가다 보면 오랫동안 알고 싶었던 질문들, 즉 '실제로 무슨 일이 일어나고 있는가?'에 대한 답을 얻게 된다.

신문이 엮어내는 이야기는 오로지 하나의 이야기일 뿐이며, 그 역시 실제 벌어지는 일 중 일부에 불과하다. 신문이 인지하지 못한 것들이 참으로 많다. 밤하늘을 나는 황조롱이들, 수백만 명이

존 하트필드, 〈부르주아 신문을 읽는 자들은 누구든 눈이 멀고
귀가 먼다 : 사람을 바보로 만드는 붕대는 벗어버리자!〉, 1930년

종사하는 평범한 노동, 다종다양하게 이뤄지는 친절한 행동들, 소소한 기술적 돌파구, 누군가 브레이크를 밟거나 피스톤을 점검한 덕에 일어나지 않은 재난들, 오크나무와 새벽의 빛, 죽음의 필연성과 포옹이 주는 따스함 등 늘 거기에 있었던 것들이 그렇다.

신문은 자신들의 이미지에 국가 차원의 의식을 담아낸다. 아침에 잠에서 깰 때마다 우리의 마음은 꿈이 남긴 메아리, 반쯤 기억나는 계획, 산발적인 흥분, 미약한 충동으로 가득하다. 그러다가 당신이 지금 무엇이 되려고 애쓰고 있건, 예전에 어떤 사람이 되려고 했건, 그딴 건 전혀 중요하지 않다고 말하는 듯 보이는 무자비하고 단호한 뉴스의 벽에 부딪힌다. 왜냐하면 그것들 대신에 대통령이 하는 말과 주식 시장이 가리키는 바에 귀를 기울여야 하기 때문이다. 우리 마음 어딘가에는 우리에게 시시비비를 가르치던 선생님의 말씀을 귀 기울여 듣던 아이가 아직 남아 있는 듯하다. 그래서 신문이 전국적으로 시행하는 아침 '조회' 앞에서도 여전히 경건히 앉아 있다.

19세기의 신문이 거둔 미심쩍은 업적은 사람들의 마음을 표준화한 것이다. 신문은 헨리 포드와 같은 사업가가 제조업에서 거둔 성과와 유사한 짓을 우리의 상상력과 지성이 맺은 다양한 열매에 가했다. 즉 신문은 생각을 대량 생산하는 데 일조했다. 그러면서 다양성을 줄이고 광고 기사를 늘이며 지역적 특색을 씻어냈다.

프랑스 소설가 귀스타브 플로베르는 특히 신문을 혐오했다. 플로베르의 소설『보바리 부인Madame Bovary』(1856년)에서 가장 혐오스러운 인물은 오메라는 약사다. 그는 저녁 내내 경건하게 신문을 읽고는 파리와 루앙의 신문사에서 만들어낸 생각과 기이한 사실들을 근거로 질문을 퍼붓는 인물로 묘사된다. 밀란 쿤데라는 플로베르의 소설에 관해 쓴 한 에세이에서, 우둔함은 늘 존재했지만 인간은 지식이 결국 우둔함을 추방하리라는 희망을 통해 위로받았다고 언급했다. 하지만 신문의 부상으로 인해, 지식은 우둔

암브로시우스 벤손,
〈책 읽는 마리아 막달레나〉,
1520년경

함을 추방하기는커녕 땔감과 잘못된 자신감을 불어넣을 수 있다는 끔찍한 현실에 직면할 수밖에 없었다. 신문은 현대에 출현한 가장 예상치 못한 인간상, 즉 박식한 바보를 낳고 말았다.

20세기 초 다다이즘• 운동에 참여한 예술가들은 신문이 제1차 세계대전을 일으킨 것이나 다름없다고 여겼다. 그들에 따르면 신문은 어리석음과 분노를 퍼뜨렸고, 사람들의 마음을 거칠게 만들었으며, 사람들이 장군들의 변변찮은 추론을 쉽게 받아들이도록 만들었다. 다다이즘의 창조적 예술가들은 신문의 겉으로만 그럴싸한 논리를 해체하고 신문이 늘 조용히 지껄이던 어리석은 헛소리가 분명히 드러날 수 있도록, 신문을 잘라 붙여 특이한 콜라주를 만들었다.

• 20세기 초에 일어난 아방가르드 예술 사조.

뉴스 산업의 근본 전제는 새로운 것과 중요한 것이 하나라는 사실이다. 중요한 것은 새로우며 새로운 것은 중요하다. 하지만 우리 삶에서 이 전제는 대부분 거짓일 공산이 크다. 방금 일어난 일이 우리가 꼭 알아야 하는 가장 중요한 일이 아닐 수 있다. 우리의 번영에 정말로 중요한 것들은 20년 또는 1,000년 전에 일어난 일이며, 실제로 1500년대부터 도서관 서가에 꽂혀 있던 책에 기록되어 있을지도 모른다.

수필가 헨리 데이비드 소로는 플로베르에게 뒤지지 않을 만큼 신문에 대한 적대적인 비판의식을 갖고 있었다. 플로베르가 『보바리 부인』을 출간하기 2년 전인 1854년, 그는 최신 정보에 대한 사람들의 당찮은 열광을 겨냥하여 이렇게 썼다. "우리는 메인주에서 텍사스주까지 전선을 연결하느라 엄청나게 서두른다. 하지만 메인과 텍사스 사이에는 의사소통할 만큼 중요한 일이 없을지도 모른다……. 우리는 대서양 아래 터널을 뚫어 구세계와 신세계의 거리를 몇 주 더 가깝게 만들기를 간절히 원한다. 하지만 널찍하게 펄럭이는 미국인의 귀에 맨 처음 새어 들어갈 소식은 아마도 조지 3세의 손녀 애들레이드 공주가 백일해에 걸렸다는 뉴스일

것이다…….'

우리에게는 '새로운' 정보가 전혀 필요하지 않을지도 모른다. 우리에게 정말로 시급히 요구되는 것은 우리가 이론적으로는 이미 오래전부터 알고 있었지만, 지금껏 귀를 기울이지 않았던 것들을 중요하게 여기라는 촉구일 것이다. 우리에게 정말로 필요한 뉴스는 용서하고, 반성하고, 음미하고, 감사하고, 고요하고, 친절해야 하는 이유를 말해주는 뉴스다. 이런 뉴스야말로 화재, 살인, 추락, 위기 같은 소식들을 제쳐두고 우선하여 받아들임으로써 우리 마음에 더욱 확고하게 자리 잡도록 해야 하는 진정한 뉴스다. 뉴스란 가끔, 사실 대부분은 그저 우리가 알아야 할 것 중 가장 덜 중요하고 가장 덜 긴급한 것인지도 모른다.

5

민주주의 　　　　　　　　　　　Democracy

현대 사회가 자기 장점을 자랑할 때마다 늘 특별히 경외심을 갖고 언급하는 특징이 하나 있다. 적어도 우리는 민주주의 국가에서 산다는 것이다. 현대 국가의 우월성은 지도자를 선출하는 방식에서 가장 두드러진다고 생각된다. 오랜 역사의 과정에서, 고대 그리스에서의 짧은 한때를 제외하면 공정하게 통치자를 선택했던 적이 없었다. 통치자는 절대적이었다. 그들의 말을 반박할 수 없었고, 그들의 권력을 견제할 수 없었으며, 그들의 임기를 단축할 수도 없었다. 그들은 신이 직접 자기들을 지명했노라 주장했고, 따라서 그들의 말에 의문을 제기하는 것은 반역이자 신성모독을 저지르는 행위였다. 백성들은 통치자에게 어떤 제한도 가하지 못했다. 오로지 신만이 통치자가 불의한지 아닌지 결정할 수 있었다. 천사가 프랑스 루이 14세의 머리 위를 끊임없이 맴돌고 있다고 말했으며, 영국의 찰스 2세는 자신의 즉위가 천국에서 내려온 명령의 결과가 아니었겠느냐고 말했다. 아직 아이였던 루이 15세는 신성한 원천으로부터 자신의 국가를 경외할 권위를 부여받았다고 여겨졌다.

그러던 중 18세기 후반에 들어서자, 현실과 유리된 절대적인 복종에 대한 인류의 참을성이 무너지기 시작했다. 군주의 견해에 절대 반박하면 안 되는 이유, 혹은 평민은 물론이거니와 귀족 역시도 자기 삶에 영향력을 행사할 수 없는 이유가 더는 분명치 않았다. 민주주의의 시대가 시작된 것이다. 코르시카는 1755년에, 아이티는 1791년에 공화정이 되었다. 영국에서는 1차(1832년)와 2

차(1867년) 선거법 개정을 통해 노동계급 다수에게 투표권이 주어졌다. 일반 남성 참정권이 1848년의 혁명 이후 프랑스에 도입되었고, 네덜란드와 덴마크가 그 뒤를 따랐다. 1893년에 뉴질랜드는 모든 여성에게 투표권을 부여한 최초의 국가가 되었다.

특히나 1844년에 그리스 왕국의 오톤 1세가 아테네에 의회를 설립하고, 2,000년 전 마케도니아의 필리포스 2세가 고대 아테네의 민주주의* 실험을 끝낸 이후 처음으로 자기 나라에 참여 민주주의 정부를 경험하게 한 것은 참으로 통쾌한 일이었다. 2016년 아테네를 방문한 오바마 대통령은 그리스가 미국과 더불어 전 세계에 자유를 사랑하는 법을 가르친 국가라며 치켜세웠다.

* '민주주의'라는 뜻의 'democracy'라는 영어 단어는 '시민(demos)'의 '통치(kratos)'를 뜻하는 그리스어 'demokratos'에서 온 것이다.

'자유'에 대한 우리의 열광에도 불구하고, 현대 시대에서 민주주의의 확신이 늘 무조건, 혹은 아무런 비판 없이 지지를 받아온 것은 아니다. 민주주의 형태의 정부를 향한 인류의 행진에는 오랫동안 불평불만이 동반되었다.

민주주의 사상이 인기를 얻기 시작한 초창기에는, 옛 체제에서 큰 이득을 누렸던 사람들이 비협조적이었다. 바이에른, 윌트셔, 노르망디와 베네토 등 봉건적인 성향이 강한 지역에서는 보수적인 반동주의자들이 참정권의 확대에 맞서 싸웠다. 오랫동안 수동적이고 쉽게 예속됐던 농민이나 여성에게 투표권을 준다는 건 말도 안 되는 일이었다. 영국에서는 옛 토리당 상류층 계급의 저항이 특히 심했다. 18세기 선거 제도를 바로잡으려는 온건한 움직임이 시작되었을 때부터 그들은 이미 개혁을 약화하고, 유권자들을 매수하고, 결과를 조작하고, 후보자를 협박하려 들었다.

윌리엄 호가스의 풍자적인 그림에는 그들의 금품수수와 사리사욕이 기괴하고 생생하게 표현되어 있다. 1754년 옥스퍼드셔의 부패한 선거운동을 묘사한 이 그림에는 두 개의 당이 선거유세를 하는 모습이 나온다. 파란색 깃발은 토리당, 오렌지색 깃발은 (약

N. 올로프, 〈의회 회기〉, 1880년대

윌리엄 호가스, 〈투표〉,
1754~1755년경

간 더 좌파 성향인) 휘그당이다. 정신병원 입구가 열려 있고, 혼수상태에 인사불성인 (자기 이름도 제대로 못 쓰는) 환자들이 토리당에 투표해 달라며 주는 뇌물을 열심히 받고 있다. 휘그당 역시 현금을 대가로 표를 거래하고 선거인 명부를 조작하고 있다. 한쪽에는 브리타니아를 상징하는 여성이 망가져 주저앉은 마차 안에서 울부짖고 있으며, 무심한 두 명의 마부는 카드 도박에 빠져 있다(그중 한 명이 상대방에게 야바위 짓을 하는 중이다). 이 그림의 교훈은 분명하다. 권력자들은 가장 저열한 이유로 선거와 민주주의가 실패하길 원한다는 것이다.

하지만 민주주의 반대자 중에는 더 고상한 동기를 가진 이들도 있었다. 민주주의적 개혁이 평화롭게 확산되고 있을 때, 옛 귀족 계층의 구성원들은 중세에 대한 사랑을 새삼 재발견했고, 종종 기사가 왕과 여왕에게 보인 사심 없고 당당한 헌신을 들먹였다. 이 새롭게 등장한 중세적 사고방식의 군주제 지지자들은 조상들이 한때 통치자에게 보였던 희생과 사랑의 정신에 관해 이야기했다. 조상들은 '자유'를 원치 않았고 봉사하길 원했는데, 이는 확실히 더 훌륭하고 존경할 만한 소명이라는 논리였다. 이러한 사상을 표현하기 위해 많은 귀족들이 중세 의복을 차려입은 가족 초상화를 주문 제작했다. 옛 갑옷의 복제품을 판매하는 가게들이 런던에 문을 열기도 했다.

1839년 스코틀랜드에서는 보수당 정치인이자 13대 에글링턴 백작이었던 아치볼드 윌리엄 몽고메리가 절약 정신의 대두로 인해 국민의 생활에서 귀족적인 화려한 행사가 사라져 간다고 한탄하며 자기 영지인 에글링턴성에서 중세 '마상 창시합' 대회를 열었다. 이 대회를 준비하기 위해 행사 1년 전부터 150명의 기사들이 골동품 갑옷과 검을 파는 본드가의 가게에 모여들었다. 그들은 런던 북부에 있는 야외 맥줏집에서 몇 달 동안 연습한 뒤 백작의 영지로 이동했으며, 10만 명의 청중(그리고 자수를 놓은 드레스 차림의 '숙녀들'로 가득 찬 텐트) 앞에서 기마술, 기사도, 용기를 떨치는 모습

대니얼 매클리스, 〈프랜시스 사이크스 경 가족〉, 1837년경

을 재현했다.

훗날 백작의 손녀는 가문의 재산 대부분이 그 행사 때문에 낭비되었다고 회상했다. 당시 새로이 등장한 실리주의 자본가들 역시 그렇게 보았지만, 백작은 그 이유만으로 자기가 개최한 마상 시합을 실패로 여기지 않았다고 한다.

민주주의에 대한 또 다른 이의제기는 이보다는 덜 감상적이었다. 엄격한 전통적 관점을 따르는 사람들은, 대체로 배움이 적고 돈도 없으며 불만도 많고 경험도 없는 다수의 사람들—이들 중 상당수는 신문에 선동되는 사람들이었다—이 기술적으로 복잡하고 전략적으로 중요한 문제에 대해 투표권을 행사하도록 허용하는 민주주의적 어리석음을 비판했다. 민주주의가 생선 장수에게 경제 정책을 어떻게 운용할지 결정하도록, 미용사에게 해군의 운용에 대해 한 마디 얹을 수 있도록 허용하고 있다는 것이었다.

이런 논의가 새로운 건 아니었다. 고전을 연구하는 학자들이 이해한 바에 따르면, 고대 그리스의 위대한 성취인 철학은 그리스

제임스 헨리 닉슨, 〈난투〉('에글링턴 마상 시합' 연작), 1839년

의 또 다른 성취인 민주주의를 무척이나 미심쩍어했다. 플라톤의 대화편에서 그리스 철학의 창시자인 소크라테스는 민주주의의 야심에 비관적인 태도를 보였다. 플라톤은 『국가The Republic』 6편에서 소크라테스가 아데이만토스라는 남자와의 대화에 흠뻑 빠져서 그에게 민주주의의 결함을 설득하고자 사회를 배와 비교하는 모습을 그린다. 소크라테스는 이렇게 묻는다. 만약 당신이 바다로 여행을 떠난다면, 그 배의 책임자로 이상적인 사람은 누구인가? 그냥 아무나 시키겠는가, 아니면 항해의 규칙과 요구사항을 제대로 배운 사람으로 정하겠는가? 아데이만토스는 당연히 후자라고 대답한다. 그러자 소크라테스가 되묻는다. 그렇다면 어째서 우리는 누가 국가의 통치자가 되어야 하는지 판단하는 문제에 대해서는 아무나 다 적합하다고 생각하는가?

소크라테스가 보기에 선거에서의 투표는 직관에 따라 아무렇게나 하는 행위가 아니라 하나의 기술이었다. 따라서 다른 기술과 마찬가지로 투표 행위 또한 체계적으로 교육되어야 했다. 제대로 된 훈련 없이 시민에게 투표를 허용하는 것은 폭풍 속에서 사모스섬으로 향하는 군선의 지휘를 맡기는 것만큼이나 무책임한 일이었다. 소크라테스는 옛 토리당 차원의 엘리트주의자는 아니었다. 그는 신이나 전통이 그렇게 하라고 명했으므로 극소수만이 투표해야 한다는 식의 주장은 믿지 않았다. 하지만 문제를 이성적으로 숙고한 사람만이 사안에 영향을 미칠 진정한 자격이 있다고 주장했으며, 교육받은 소수의 시민에 의해 운영되는 '에피스토크라시epistocracy'를 지지했다. 그렇지 않으면 예전에 그리스가 맞닥뜨렸던 파멸적인 경험, 즉 선동 정치● 체제가 부상할 것이라며 우려했다. 아테네는 예전에 알키비아데스라는 부유하고 카리스마 넘치며 번지르르한 말재간을 지닌 수상쩍은 젊은이가 권력을 장악하고, 제도를 부패시키고, 시칠리섬에서 재난에 가까운 군사 행동을 밀어붙이도록 허용한 전례가 있었다.

소크라테스는 당선을 노리는 사람들이 쉽고 편한 대답을 원하

● '선동 정치'라는 뜻의 영어 단어 'demagoguery'는 그리스어로 '시민(demos)'이 '주도하는(agogos)' 정치라는 의미에서 온 것이다.

는 우리의 욕망을 얼마나 쉽게 이용해 먹을 수 있는지에 대해서도 제대로 인식하고 있었다. 그는 우리에게 두 명의 후보 사이에서 벌어지는 선거 토론을 상상해 보라고 요청했다. 한 명은 의사 같고 다른 한 명은 사탕 가게 주인 같다. 사탕 가게 주인은 경쟁자에 대해 이렇게 말할 것이다. "보시오, 여기 이 사람은 여러분에게 많은 악행을 저질러왔소. 이 자는 여러분을 아프게 하고, 쓴 약을 주고, 좋아하는 걸 먹지도 마시지도 말라고 하오. 이 자는 결코 수많은 연회도 베풀지 않을 것이고 온갖 즐거운 일들도 벌이지 않을 것이오. 나는 그렇게 하겠소." 소크라테스는 청중의 대답을 생각해 보라고 했다. "자네는 과연 의사가 효과적으로 대응할 수 있으리라 생각하는가? '저는 여러분을 힘들게 하고 여러분의 욕망을 거스르겠소. 그건 여러분을 돕기 위해서요.' 이 같은 진실한 대답은 유권자들 사이에 커다란 소동을 일으킬 걸세, 그렇게 생각하지 않나?"

많은 이들이 이러한 의심을 공유했고, 제 나름의 방식으로 플라톤을 이해했다. 그들은 사탕 가게 주인이 너무 많이 당선되고 의사는 너무 적게 당선될 위험이 있다는 것 또한 숙지하고 있었다. 이러한 에피스토크라시 지지자 중 주목할 만한 인물이 바로 20세기 초 유럽 내 영어권 베스트셀러 작가 H. G. 웰스다. 1940년에 발표한 『새로운 세계 질서 The New World Order』에서, 웰스는 정부가 마침내 교육받지 못한 얼간이나 난폭한 깡패들의 영향력에서 벗어나게 될 미래를 상상했다. 그 대신 미래는 과학적으로 훈련된 전문가, 각 분야의 대가들로 이루어진 핵심 집단의 손에 놓일 것이며, 그들은 인류가 진정한 잠재력을 발휘하도록 이끌 것이라고 말했다. 웰스는 방송, 교육, 경제, 의학, 도시계획이 인지 능력을 갖춘 엘리트에게 맡겨지는 모습을 상상했다. 어떤 상황이든 간에 이 정부 전문가들은 현대 우주 센터처럼 최신 통계와 보고서로 가득한 본부에 배치될 것이며, 그들의 의무는 아테네, 피렌체, 암스테르담, 예루살렘의 전성기에 근접하는 국가를 만들어내는 것이라고 예상했다.

1784년 에티엔루이
불레가 그린
에피스토크라시적 미래.

웰스라면 18세기 프랑스 건축가 에티엔루이 불레의 그림에 찬탄을 보냈을 것이다. 불레가 그린 미래 도시는 웰스의 말처럼 거대하고, 깨끗하며, 합리적이고, 질서정연했다. 웰스는 다음과 같이 썼다. "과학은 바보들이 사용할 무기를 만드느라 너무 오랫동안 고생했다. 이제 과학이 직접 무기를 쥘 시간이다."

하지만 민주주의 정부의 조직 방식에 대한 일부 반대의 배경에는 다른 무언가가 꿈틀거리고 있었다. 문제는 투표하는 사람이 많을 뿐만 아니라 사람 자체가 정말 많다는 데 있었다. 현대 시대의 기본적인 사실 하나는 이 시대에 인구가 엄청나게 불어났다는 점이다.

1800년에 서유럽 인구는 1억 8,000만이었고, 1914년에 이르자 4억 6,000만이 되었다. 이러한 숫자 뒤에 숨겨진 의미를 과소평가하기 쉽다. 인구 증가가 의미하는 바는 발 닿는 곳 어디에나 군중이 존재한다는 것이다. 시위는 그저 시끄러운 것으로 그치지 않았다. 시위 참여자가 정말로, 정말로 많이 불어나고 있었다. 군중은 다리에도, 철도역에도, 박물관에도, 상가에도 있었다. 윈더미어 호수에도, 피라미드에도, 샤프하우젠주의 절벽과 로마의 하드

윌리엄 파월 프리스,
〈철도역〉, 1862년경

리아누스 황제 영묘에도 있었다. 극지 정복, 중앙아프리카 횡단, 안데스산맥 개척 등 멀리 떨어진 모흔에 대한 높아진 관심은 우연이 아니었다. 그것은 혼자 있을 수 없다는 새로운 형태의 무력함이 등장하는 바람에 다른 곳으로 마음을 돌릴 수밖에 없게 된 시대의 징후였다.

하지만 문제는 단순히 사람의 수가 아니었다. 진짜 문제는 사람의 자질이었다. 당연한 일이겠지만, 소수의 귀족만이 특정 교회나 폭포에 갈 수 있던 시절에도 그들 중에 바보들이 꽤 있었을 것이다. 그들은 우쭐거리고, 큰 소리로 떠들고, 벌건 얼굴에 위엄도 없는, 이튼이나 해로우 같은 귀족 사립학교에서 '뚱뚱보'나 '찐따'로 불렸을 사람들이다. 단순히 전체적인 숫자에 근거해 보자면, 그들은 분위기를 흐릴 만큼의 힘을 갖지는 못했다. 하지만 이제는 이 문제를 더 이상 얼버무릴 수 없게 되었다. 피렌체 산마르코 수도원의 복도에서, 밀라노 치마로사의 오페라 〈비밀결혼〉 공연 중에, 드레스덴 가톨릭 궁정 교회의 미사에서, 혹은 취리히와 제네바를 오가는 기차가 베르너 오버란트 고원의 기슭에 이르렀을 때, 눈에 확연히 띄는 우매한 짓거리들을 마주하게 되었다. 음악과도, 눈 덮인 웅장한 봉우리와도, 성직자의 목소리와도, 성모 마리아의 자애로운 형상과 오페라의 주연 가수가 구슬프게 부르는 아리아 '나를 믿어주오, 내가 곧 비밀이니'와도 전혀 어울리지 않는 우매함 말이다. 그런 자리에는 늘 코를 풀어대고, 화장실이 어디 있는지 묻는 사람들이 있었다.

귀스타브 플로베르는 이런 우매함에서 벗어나고자 1851년 배를 타고 이집트로 향했다. 하지만 민주주의적 우둔함은 어디서나 그를 따라다녔고, 그는 집에 보내는 편지에 잔뜩 성이 나 이렇게 썼다. "어리석음은 요지부동이야. 그걸 깨보려 할 때마다 도리어 이쪽이 박살 나지……. 알렉산드리아에서 선딜랜드 출신 톰슨이라는 작자가 폼페이 기둥에 6피트 높이의 글자로 자기 이름을 새겨 넣었지 뭐야. 400미터 밖에서도 그걸 읽을 수 있을 정도야. 기둥

'선덜랜드의 톰슨 다녀감'이라는
낙서가 새겨진 이집트 알렉산드리아
폼페이 기둥.

을 볼 때마다 그놈의 톰슨이라는 이름이 보이고, 그러다 보니 톰슨 생각이 머리에서 떠나질 않아. 이 거저리 같은 놈이 기념비의 일부가 되고 영원히 기념비와 함께하게 된 거야. 그게 무슨 소리냐고? 그 작자가 그 거대하고 화려한 글자로 기둥을 압도하고 있다는 소리야……. 머저리들은 모두 그 선덜랜드 출신 톰슨과 대동소이해. 아름다운 장소와 멋진 풍경에서 그런 작자들을 얼마나 많이 마주치겠어? 여행 중에는 수없이 만나도 그들이 빨리 지나가기 때문에 웃을 수 있어. 그자들 때로에 분통이 터지는 일상생활에서는 그렇게 빨리 사라져 주질 않지만 말이야."

토머스 하디는 1891년 대영박물관에 갔다가 그곳을 찾은 수많은 방문객들이 그들 앞에 전시된 영적이고 고상한 유물에 얼마나 무관심한지를 보고 경악했다. "줄지어 돌아다니다가 미라 주위에서 희희낙락 어슬렁거리는 군중이 있었다……. 소녀들은 붕대로 둘둘 감긴 멘카우라왕의 유해 저편에 있는 젊은 남자들을 음흉하게 흘깃거리고 있었다. 그들은 오랜 기간의 노고로 제작된 채색 필사본에 경박한 의견을 던지며 지나갔고, 람세스 2세의 석상 아래서 농담을 지껄였다. 민주주의가 인간에게 정의로운 사회를 제공할지는 몰라도, 이러한 경멸을 더 많이 초래할 것이고, 이는 예술과 문학의 파멸로 이어질 것이다."

예술과 문학의 안전을 다시 보장하고자, 많은 예술가들은 작품을 의도적으로 이해하기 어렵게 만들었다. 그래야 더는 농담도 못하고 경박한 의견도 던지지 못하며 군중도 몰리지 않고 지분거리는 연인들도 다가오지 않을 테니까. 우리가 모더니즘 운동으로 알고 있는 사조는 명료함과 매력에서 걸어지고 신비롭고 불가해한 것으로 향하기 위한 계산된 시도의 일부였다(모더니즘 시인 W. H. 오든은 "나는 문명인이 어떻게 텔레비전을 볼 수 있는지, 하물며 집에 텔레비전 수상기를 장만할 수 있는지 이해가 안 간다"라고 털어놓은 바 있다). 폭도가 나타나 살바도르 달리의 〈안달루시아의 개〉의 상영을 중단시킬 위험도 없었고, 아르놀트 쇤베르크의 연가곡 〈공중정원의 책〉의 공연이 끝난 후 앙코르를 외치는 흥분한 관객이 나올 위험도 전혀 없었다. 모호함과 예술의 관계란 철도 차량의 개발 취소나 영국 여행사 토머스 쿡의 사무실 폐쇄가 대중 관광과 맺는 관계와 같으리라. 현대의 예술가는 난해함을 동원하여 선덜랜드 출신의 톰슨 씨가 예술 행위를 방해할 수 없도록 확실히 손을 써두었다.

이러한 상황의 배경에 자리 잡은 문제는 '보통 사람들'이 민주주의의 교양 있는 초기 옹호자들이 바랐던 것과는 상당히 다른 모습을 보였다는 점이었다. 그 보통 사람들은 특별히 감사의 마음을 갖지 않았고, 딱히 고상하지도 않았으며, 무척이나 솔직하게 처신했다. 1820년대 이후 민주주의에 대한 회의론자들이 종종 사용했던 표현을 인용하자면, 그들은 '교양 없는 사람'으로 간주되었다. 시인이자 비평가인 매슈 아널드는 1869년에 출판한 『교양과 무질서Culture and Anarchy』에서 다음과 같이 썼다. "교양 없는 자들은 돈벌이와 편협한 형태의 종교에 헌신한다. 그들은 아름다움에는 무관심하거나 적대적이다. 그들은 '빛의 아이들의 적'이다."

돈벌이에 집중하는 것은 태곳적부터 가난하게 살아온 사람들에게는 논리적으로 충분히 타당한 관심사였지만, 민주주의적 삶에 회의의 눈길을 보내는 이들에게는 고압적이며 부자연스러운 현대적 탐욕의 증거였다. 이에 회의주의자들은 이 '새로운 속물'에 저항하면서 상업주의에 대적하는 다른 가치들을 강조했다. 즉 실현 불가능성을, 돈에 대한 혐오를, 시간약속에 대한 무관심을, 기이한 행동을, '쓸모없는' 예술에 대한 사랑을 강조했다. 낭만과 시인 제라르 드 네르발은 당시의 조급하고 실용주의적인 상업 정신에 반발하여 1840년에 애완용 바닷가재 한 마리를 구입한 뒤 가재를 파란색 비단으로 만든 끈에 매어 파리에 있는 팔레 루아얄 정원에서 산책을 시켰다. 그는 이렇게 질문했다. "바닷가재가 개 아니면 고양이, 아니면 가젤, 아니면 사자, 아니면 그 외의 산책을 시키겠다고 선택한 다른 동물보다 더 웃길 이유가 무엇인가? 나는 바닷가재가 좋다. 평화롭고 진지한 생물이다. 바닷가재는 바

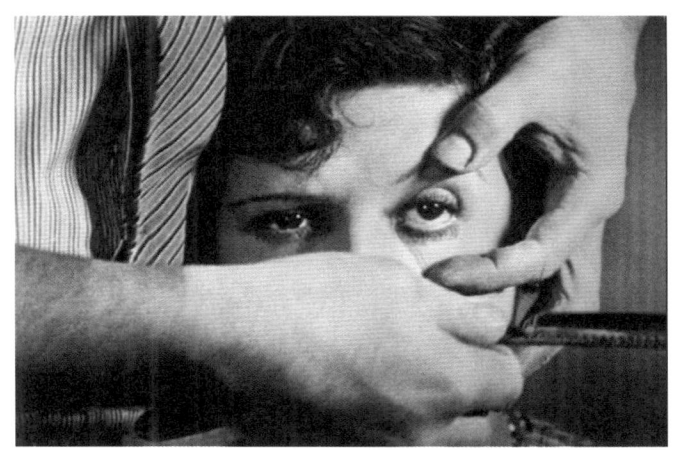

살바도르 달리의
《안달루시아의 개》 중
한 장면, 1929년

다의 비밀을 알고, 묻지도 않으며, 개처럼 나의 오롯한 사생활을 갉아먹지도 않는다."

대중 사회에 대한 회의론자들을 특히나 격분시킨 사항 중 하나는 바로 보통 사람들이 통조림 음식, 이를테면 통조림 버섯, 통조림 복숭아, 통조림 연어, 특히 스팸 따위를 대량으로 소비하는 성향이었다. 회의주의자들이 보기에 통조림 음식에 대한 그들의 열광이야말로 품질과 진정성보다는 편리함과 실용성에 대한 천박한 우려를 가장 잘 대변하는 것이었다. D. H. 로런스, H. G. 웰스, 그레엄 그린 등의 여러 인사들이 통조림을 신랄하게 비판했다. 조지 오웰은 "결국 깡통에 넣은 음식이 기관총보다 더 치명적인 무기가 될지도 모른다"라고 결론 내렸다.

민주주의 시대에 대한 이의제기는 심오한 것부터 바보스러운 것까지 두루 걸쳐 있었다. 그중에서 주목할 만한 의미 있는 불평을 하나 뽑자면, 그것은 민주주의가 다수의 투표로 지도자를 선출하는 방식으로 시작되었지만, 참으로 심각하게도 이제는 애초의 소관을 크게 넘어서 퍼져버렸다는 점이다. 민주주의라는 것이 온갖 문제의 가치와 중요성을, 이를테면 좋은 책이란 무엇일지, 휴일은

1940년대 미국 잡지에 실린
스팸 광고.

어떻게 보내야 할지, 사람의 이력을 어떻게 판단할지 혹은 성생활을 어떻게 조율할지 같은 질문에 대한 답을 다수의 평결로 결정하는 방법이 되어버렸다는 것이다. 민주주의 사회에서 가장 해로운 측면은 지속적이고 조용한 압박이다. 이는 다수의 견해에 따라 '정상적인 것'으로 여겨지며 남들이 으레 생각하는 쪽으로 동조하려는 경향을 의미한다.

프랑스의 귀족이자 정치가이며 저술가인 알렉시스 드 토크빌은 1831년 미국 여행을 통해, 민주주의의 가장 두드러진 특징은 지도자를 고르는 방식이 아닌 그들의 사고방식에 있다는 걸 깨달았다. 토크빌이 보기에 '민주주의적 정신'은 그다지 융통성이 있거나 탄복할 만한 기관器官이 아니었다. 이 정신은 차이를 싫어했으며, 새롭고 낯선 생각을 짓밟으려는 경향이 있었고, 유행하는 것에는 뭐든 착 달라붙었다. 따라서 흥미로운 적이 거의 없었으며, 종종 고약하기도 했다. 토크빌은 자유로운 토론과 독립적인 사고가 미국보다 적은 나라가 세상에 또 어디 있을지 모르겠다고 언급했다.

약 30년 뒤, 당시 실질적으로 민주주의 국가였던 영국에서도 존 스튜어트 밀이 이와 비슷한 판단을 내렸다. 1859년 발표한 『자유론On Liberty』에서, 밀은 모든 민주주의 사회는 다른 삶을 살려는 사람들을 은근히 괴롭히는 경향이 있다고 비판했다. 그가 '다수의 압제'라 일컬은 이것은 무소불위의 통치자보다 어떤 면에서는 더 해롭다고 지적했다. 다수의 압제는 당사자들의 관점에서는 참으로 옳은 것이기 때문이다. 모든 유형의 간섭과 개입을 거부하는 유명한 변론에서, 밀은 다음과 같이 썼다. "문명화된 공동체의 구성원에게, 그의 의사에 반하여 정당하게 권력을 행사할 수 있는 유일한 목적은 타인에게 해를 끼칠 경우뿐이다. 그 구성원에게 좋으리라는 목적은, 그게 물질적이건 도덕적이건 간에 그를 간섭할 수 있는 충분한 근거가 될 수 없다……. 개인은 자신의 몸과 정신에 대해 주권을 갖는다." 다시 말해, 밀과 토크빌은 민주주의

앙리 드 툴루즈 로트렉,
〈오스카 와일드의 초상〉, 1895년

사회라 해도 좀 괴짜처럼 혼자 남아 있을 권리가 근본적으로 중요하다는 점을 주장하였다. 대중매체를 통해 사고를 증폭하여 대다수 사람들이 특정 방식으로 생각하게 된다고 해도, 각자 다른 방식으로 접근할 수 있는 권리를 유지해야 한다는 것이다.

밀과 토크빌은 민주주의에서도 부자유스러운 상태로 살기 십상이라는 점을 깨달았다. 발목을 묶는 쇠고랑도 없고 4~5년에 한 번씩 지도자를 투표하라는 정중한 초대를 받긴 하지만, 여전히 다수의 관점에서 벗어나는 것에 대한 두려움 때문에 완강하게 붙박여 있는지도 모른다. 결혼 생활은 어떻게 해야 하는지, 직업은 어떻게 가져야 하는지, 휴일은 어떻게 보내야 하며, 우정은 어떻게 생각해야 하는지 같은 문제들에 대해서 그렇다. 우리 모두는 스스로 허용하는 것보다 훨씬 더 소외되어 있다. 우리 영혼에 대한 지배권을 넘겨줘서는 안 되는 낯선 자들이 부당하게 형성한 정상성이라는 개념에 붙들려 있다. 사회적으로 강요된 새장의 창살을 흔들기 시작할 때 비로소 흥미로워지겠지만, 그런 일을 시도해 보라고 자신에게 허가를 내주는 경우는 좀체 없다.

민주주의에서 잘 사는 법을 보여준 영웅들과 안내자들은 확실히 활기차고 유쾌하며 별난 인물들이었다. 그들은 대중 사회로부터 위협받지 않았으며, 관대함을 느끼면서 그 사회의 독특한 즐거움을 누렸다(그들은 해변과 나이트클럽에서, 영화관과 패션 잡지에서 재미있게 즐기는 법을 찾았다). 또한 다수의 의지가 덜 자비롭거나 덜 창조적일 때는 거기에 짓밟히지 않도록 정신의 독립성을 충분히 유지했다. 그들은 순응하는 동시에 반항하는 법을 잘 알고 있었다.

이러한 영웅 중에는 패션, 대중음악, 잡지, 영화, 새로 나온 음식과 신장개업한 가게에 지대한 관심을 보였던 버지니아 울프도 포함되어 있다. 1932년에 발표한 「옥스퍼드가의 물결」이라는 에세이에서, 울프는 문명의 생존이 셀프리지 백화점을 폭격하는 데 달려 있다고 말한 조지 버나드 쇼를 넌지시 힐책하며, 런던의 백화점에서 하는 쇼핑에 대한 찬가를 썼다. "말할 필요 없이 옥스퍼드가가 런던에서 가장 품위 있는 거리는 아니다. 도덕주의자들께서는 거기서 물건을 사는 사람들을 비난하기 일쑤였고, 멋을 중시하는 이들도 이러한 비판에 동조했다……. 하지만 해 질 녘 느긋하게 거닐다 보면 인공조명과 실크 더미, 버스의 은은한 불빛 덕분에 마블아치 위에는 영원한 석양이 드리워져 있는 듯한 느낌이 든다. 옥스퍼드가는 화려하고 현란한 모습으로 제 매력을 뽐낸다. 빛나는 물줄기가 끊임없이 자갈을 씻어내는 강바닥 같다. 모든 것이 반짝반짝 빛난다……. 옥스퍼드가의 영주들은 문 앞에서 가난한 자들에게 금화를 뿌리거나 빵을 나눠주는 공작이나 백작 못지않게 도량이 넓다. 오직 후하게 나눠주는 선물의 형태가 다를 뿐이다. 그 선물은 짜릿한 재미, 상품 전시, 오락거리, 밤에 불을 환히 밝힌 진열창, 낮에 펄럭이는 현수막의 형태를 띠고 있다. 거리에서는 최신 뉴스를 공짜로 제공한다. 연회장에서 흘러나오는 음악도 무료다. 높다랗고 쾌적한 홀이라는 안식처가 제공하는 폭신한 카펫 털과 화려한 승강기, 은은한 광택을 발하는 옷감과 카펫, 은식기를 만끽하는 데 단돈 1실링 11펜스 3파딩*이면 된다."

*farthing. 영국의 옛 화폐 단위. 1파딩은 4분의 1페니.

울프의 소설 『댈러웨이 부인Mrs Dalloway』(1925년)에서, 제목과 동일한 이름의 여성 주인공 역시 런던의 상업적 혼란에 깊이 매혹되었다. "활기찬 걸음, 묵직한 걸음, 터벅거리는 걸음에, 아우성과 고성에, 마차, 자동차, 버스, 화물차, 발을 질질 끌며 몸을 휘휘 돌리는 샌드위치맨에, 관악대와 손풍금에, 승리의 기쁨과 짤랑거리는 소리와 머리 위를 날아가는 비행기가 노래하듯 내는 기묘한 고음 속에 그녀가 사랑하는 것이, 삶이 있었다. 런던, 6월의 이 순간에." 하지만 이런 도취의 순간에도, 울프는 자기 인생을 다수의 의견이 결정하게 놓아두지 않았다. 그녀는 필요할 때 반대로 나아가기도 했다. 레즈비언 관계를 맺고, 놀랄 만한 합의를 맺어 다른 부부와 동거하고, 페미니즘을 옹호하고, 인기 없는 예술적 대의를 위해 싸우고, 어려운 책을 썼다. 그리고 자신의 감정이 그녀

1927년경 버지니아 울프.

에게 허물어지라고 요구하면 허물어졌다.

만약 시간적으로 가능했다면 울프를 숭배했을(화면 인쇄로 그의 작품을 만들었을 것이다) 앤디 워홀의 삶도 자유롭고 관대했다. 그 역시 울프와 마찬가지로 자신이 태어난 대중 사회의 여러 측면을 무척이나 즐겼다. 그는 공장에서 생산되는 음식에 아무 문제도 없다고 여겼다. 공장제 음식은 미국을 위험에 빠뜨리기보다는 미국을 만들었다고 보았다. 그의 설명에 따르면, "미국의 위대한 점은 이 나라가 가장 부유한 소비자가 가장 가난한 소비자와 본질적으로 똑같은 것을 구매하는 전통을 시작했다는 데 있습니다. 여러분은 텔레비전을 통해 콜라 광고를 보게 됩니다. 대통령도 콜라를 마시고 리즈 테일러도 콜라를 마신다는 것을 알 수 있습니다. 근데 생각해 보세요. 여러분도 콜라를 마실 수 있지 않습니까. 콜라는 콜라고, 아무리 돈이 더 있어도 저기 모퉁이에서 부랑자가 마시고 있는 것보다 더 좋은 콜라를 살 수는 없어요. 콜라는 모두 똑같고, 콜라는 모두 맛있죠."

햄버거의 경우도 매한가지였다. 워홀은 로마에서든 뮌헨이나 타이베이, 뉴욕에서든 똑같은 상표의 음식을 먹을 수 있다는 점에서 민주주의의 위엄과 풍족함, 향수병을 치료하는 능력 등에 대해 반복해서 찬양했다. 하지만 그는 이를 당연하게 받아들이지 않았다. 워홀은 대중문화를 연구하고 그것을 예술의 시선으로 관찰하고자 했다. 가끔은 그냥 햄버거만 먹고 마는 게 아니라 자기가 햄버거를 먹는 모습을 담은 4분 30초짜리 영화를 만들어 현대성의 상징적인 순간 중 하나가 가지고 있는 비현실성, 그리고 간과된 범속함을 강조하고자 했다.

삶의 다른 영역에서도, 워홀은 울프와 마찬가지로 다르게 할 용기를 갖고 있었다. 리즈 테일러부터 대통령, 극성 엄마에 이르기까지 모두가 일반적이라고 생각하는 일을 하지 않았다. 내면적으로 자유로워지기 위해 그는 남자들과 같이 살고, 불규칙한 시간에 자고, 별난 친구들을 수없이 사귀고, 자기가 특히나 좋아하는 일에 흥청망청 돈을 쓰고, 립스틱을 바르고 가발을 쓰고, 다른 사람들 앞에서 울며 소리 지르고, 세상 사람 모두가 하는 말을 하지 않았다.

우리는 투표를 통해 어떻게 자유를 활용할 수 있는지 배울 수 있었다. 하지만 자기 삶 속 깊이 자유를 누리는 법에 대해서는 이제 막 알기 시작했을 뿐이다. 미래의 도전 과제는 아직도 남아 있는 마지막 커다란 짐, 즉 봉건주의 정신을 벗어던지는 것이리라.

앤디 워홀,
〈캠벨 수프 통조림〉, 1962년

6

가족   Family

영국 에드워드 7세 시대였던 1907년, 런던의 맨체스터 광장에 살던 엄격하고 야심 많은 가정에 수줍고 우유부단한 소년이 태어났다. 소년의 아버지는 육군 소장이자 준남작이었으며, 에드워드 7세의 주치의이기도 했다. 저명한 목사의 딸인 어머니는 하인들을 관리하고 남편의 사회생활을 챙겼으며 자선 활동에 열심이었다. 그녀는 여섯 자녀를 낳았는데, 모두 유모들이 키웠다. 존은 넷째였다. 집안 분위기는 엄격했고 노동과 신앙을 강조했다. 여섯 아이는 주로 집 꼭대기 층의 육아실에서 시간을 보냈고, 어머니는 하루에 한 시간, 아버지는 일요일 아침에 세 시간 정도 만났다.

어른이 되고 나서 존은 어머니를 '데면데면하고 자기중심적이며 쌀쌀맞은' 사람이었다고 회상했다. 그가 가장 크게 애착을 가졌던 사람은 미니라는 유모였다. 훗날 그는 미니가 '자기를 어머니처럼 늘 돌봐준 사람'이었다고 말했고, 미니 또한 존을 아이들 중 가장 아꼈다고 했다. 하지만 존이 네 살 때 미니는 그 집을 떠나야 했고, 존은 그 상실을 쓰라리게 받아들였다. 쉰두 살에 쓴 글에서 존은 다음과 같이 적었다. "만약 어떤 어머니가 자기 아이를 유모에게 완전히 맡기고자 한다면, 아이의 눈에는 어머니가 아니라 유모가 진짜 어머니의 모습이 되리라는 사실을 깨달아야 한다. 보살핌이 지속해서 이루어진다는 전제하에서라면 이는 전혀 문제 될 게 없다. 하지만 아이가 유모에게 전적으로 보살핌을 받다가 두 살, 세 살, 심지어 네댓 살이 되었을 때 유모가 떠난다면, 그건 어머니를 잃는 것만큼이나 비극적인 일이 될 것이다."

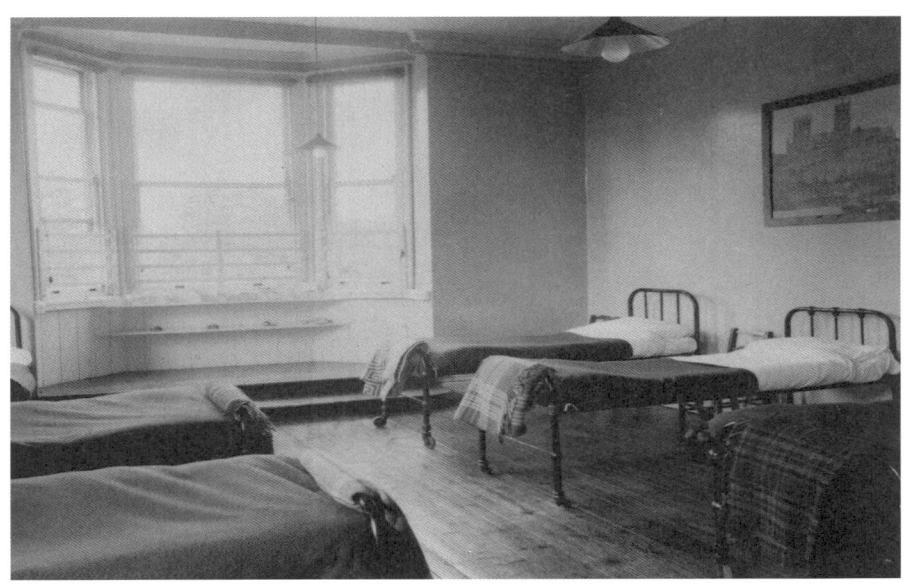

존은 열한 살이 되자 우스터에 있는 기숙학교인 린디스판 사립 초등학교로 보내졌다. 학교는 엄격하고 음울했다. 소년들은 서른 명이 들어가는 공동 침실에서 함께 잠을 잤고, 교사는 학생들을 번호로 불렀으며, 사생활은 보장되지 않았다. 취식은 금지되었고, 야외 운동은 의무적이었는데, 심지어 눈이 내려도 해야 했다. 존은 나중에 친구에게 이렇게 말했다. "나는 기숙학교에는 개도 안 보낼 거야."

'존'이 바로 존 볼비(1907년~1990년)이다. 그는 정신분석학자이자, 육아와 관계에 대한 현대적 이해에 큰 영향을 끼친 인물 중 한 명이다. 볼비는 초기 양육자에 대한 아이의 예민함을 과학적으로 상세히 규명했다.

볼비는 『애착과 상실Attachment and Loss』(이 책은 1969년, 1972년, 1980년에 각각 한 권씩 총 세 권으로 출간되었다)이라는 책에서 성인의 자아에 대한 감각은 어린아이였을 때 맺은 관계를 통해 형성된다고 설

1950년경 11세의 존 볼비가 다녔던 사립 초등학교 기숙사.

명했다. 만약 부모 또는 양육자가 자상하고, 일관되며, 주의 깊고, 안정적이고, 다정하면 아이는 제대로 성장할 수 있다. 아이는 자신과 세상에 대한 자신감을 갖게 된다. 사랑하는 법을 알고 관계를 시작할 용기를 갖게 된다. 설사 자신의 욕구가 무시당한다 해도 침착하게 호소하면 된다는 사실을 알기 때문이다.

하지만 아이가 굴욕을 당하거나, 무시당하거나, 수치심을 느끼면 정서적으로 엄청난 손상을 입게 된다. 아이는 늘 어느 정도 자신을 의심할 것이다. 우울과 불안에 시달릴 위험이 크고, 성적인 문제가 발생할 수 있다. 볼비가 '불안정한 애착'이라 일컬은 패턴으로 흘러갈 것이다. 방어적 태도나 분노를 통해 친밀함을 회피하고자 하는 습관을 갖게 된다. 『애착과 상실』의 마지막 권에서, 볼비는 다음과 같이 썼다. "다른 사람과의 친밀한 애착은 영유아기 혹은 어린아이일 때뿐만 아니라 청소년기와 성인 시절은 물론이고 노년에 이르기까지 한 사람의 인생이 돌아가게 만드는 중심축이다. 사람은 이러한 친밀한 애착을 통해 삶의 힘과 기쁨을 얻고, 자신이 기여하는 바를 통해 다른 이에게 힘과 기쁨을 준다."

부모는 자신들의 첫째가는 책무가 자녀의 안전과 복지를 보장하는 것임을 잘 알고 있다. 하지만 현대 사회는 이러한 안전과 복지가 어디에 위치하는지에 대한 우리의 집단적 이해나 관점을 변화시켰다. 자녀의 안전과 복지는 더 이상 인사법, 사격 방법, 라틴어 독해법 혹은 왈츠 추는 법을 가르치는 문제가 아니다. 부모의 책무는 자녀의 정서를 함양하는 것이다. 자녀에게 든든한 기반을 제공하고, 건전한 사랑의 본보기를 보여서 안정된 애착을 형성할 수 있도록 인도하는 것이다. 이전에는 부유한 부모들이 타운하우스 꼭대기 층의 보모들에게 내맡겼던 소위 '사소한 일'이 이제는 가장 중요해졌다. 볼비는 건강한 인간이란 아이가 껴안고 뒹굴면서 노는 모든 것에서, 어머니의 몸을 통해 젖먹이가 느끼는 안정적 교감을 통해서, 어머니가 뿌듯하고 다정하게 아이의 작은 팔다리를 씻겨주고 입혀주는 모든 과정에서 나온다고 말했다. 이런 관심을 받고 자란 아이는 난관이란 극복할 수 있는 것이라고 믿게 된다. 실수는 그저 실수일 뿐이라는 점을, 앞으로 마주하게 될 여러 관계에서 자신이 친절과 배려를 받을 자격이 있다는 사실을 확신하게 된다. "비타민 D가 뼈의 올바른 성장에 필수적인 것과 마찬가지로 올바른 인성 발달을 위해서는 어머니의 보살핌이 필수적이다."

17세기 이른바 '좋은' 집안에서는 아이가 울면 울다 지쳐 잠들 때까지 그냥 내버려두었다. 아이를 매질하여 복종시켰고 아이의 감정적인 요구 대부분을 무시했다. 아이를 예의 바르고 용감하며 겸손한 사람으로 만들기 위해서였다.

그로부터 300년이 지나자, 좋은 부모들은 아이들이 자기가 그린 그림을 보여주면 미소를 지어주고, 생일과 학예회 자리에 참석하고, 바닥에 엎드려 장난감 토끼와 전기 기차를 가지고 함께 놀아줌으로써 자신들의 자손이 제대로 클 수 있게 했다. 볼비가 보기에 아이에게 가장 큰 위험은 사자에게 잡아먹히거나 궁정에서 배척당하는 것이 아니다. 사랑받지 못하거나, 제대로 위로받지 못해 불안에 시달리거나, 관심과 격려를 충분히 받지 못해 우울해지는 것이다. 정서적 박탈감은 현대 부모에게는 그들의 조상에게 가난과 불명예가 의미하던 바와 같은 것이었다.

안타깝게도, 그리고 뜻밖에도, 아동 발달의 원리에 대한 이러한 통찰력은 현대의 부모들에게 새로운 고통을 안겨주었다. 어린아이를 먹이고 입히는 것만도 충분히 힘든 일이다. 하물며 아이와 같이 놀고, 아이가 좋아하는 동물 봉제 인형의 이름을 외우고, 아이가 그린 그림을 보며 감탄하고, 밤에 책을 읽어주고, 자동차에서 어린이용 카시트가 중요한 이유를 인내심 있게 설명하고, 고양이 꼬리를 잡아당기지 말라고 차분히 부탁하고, 야채를 먹으라고 부드럽게 간청하며, 양치질을 친절하게 지도하는 일은 이루 헤아릴 수 없이 힘든 일이다.

피터르 코데,
〈가족의 초상〉, 1661년경

1865년경 존 스튜어트 밀.

심지어 더욱 도발적인 사실은, 아동 발달에 대한 볼비의 통찰은 자본주의의 역사에서 기업과 정부가 경쟁이라는 개념을 본격적으로 인식하기 시작한 순간에 출현했다는 점이다. 오스트리아의 보수주의 경제학자 프리드리히 하이에크는 1948년 출간한 저서 『개인주의와 경제질서Individualism and the Economic Order』에서 기업이 생존을 보장받기 위해서는 경쟁력과 공격성이 끊임없이 증가하는 선순환 구조에 진입해야 한다고 주장했다. 기업은 만인의 만인에 대한 영구적인 경제 전쟁에서 경쟁 기업을 파산으로 몰아넣으려 노력해야 했고, 이 과정에서 고객이 가장 큰 이익을 얻게 되었다. 불안과 시간 부족은 개인적 고뇌이지만, 더불어 현대의 산업적 삶에서 핵심 자산으로 부상했다.

하이에크의 세계관에서 효율적으로 잘 돌아가는 시장이란 우리 개별 노동자들에게는 언제나 지치고 불안한 위험이 도사리는 곳이었다. 하지만 늘 그랬던 것은 아니다.

철학자 존 스튜어트 밀은 런던에서 1823년부터 1858년까지 막대한 힘을 지닌 기업인 동인도 회사에서 일했다. 그는 주로 정책 수립에 관여했고, 최고위직 중 하나인 '심사관'으로 경력을 마무리했다. 심사관은 막중한 책임을 지닌 직책이었고, 밀은 종종 회사를 대표하여 의회 위원회 앞에서 증언해야 했다. 그 일로 받는 보수는 엄청났다. 심사관의 급여는 2,000파운드로 당시 평균 소득의 스무 배가 넘었다. 하지만 동인도 회사에 고용되어 일하는 동안에도 밀은 영향력 있는 철학 저서들을 집필했는데, 이 중에는 『논리학 체계A System of Logic』(1843년)와 『정치경제학 원리The Principles of Political Economy』(1848년)라는 기념비적인 저서 두 권도 포함되어 있었다. 밀이 이렇게 할 수 있었던 이유는 동인도 회사 사무실이 오후에는 대체로 한산했기 때문이다. 업무는 하루에 네 시간 정도 보면 충분했기에 밀은 책상에 앉아 글을 쓸 수 있었다. 아무도 그가 글을 쓰는 것에 대해 화를 내지 않았으며, 오히려 그의 노력을 인상 깊게 받아들였다. 만약 그에게 자녀가 있었다면 아이들과 함께 목욕하는 시간을 놓치지 않기 위해 일찍 집에 돌아갔을 것이다.

이와 비슷한 맥락에서, 시인이자 공무원이었던 매슈 아널드는 1864년 영국 정부의 학교 조사 위원회에 제출한 보고서에서, 영국은 교사의 일일 권장 업무량에서 프랑스를 본받아야 한다고 조언했다. "프랑스 국립 고등학교 교사는 수업과 회의로 하루 서너 시간 혹은 다섯 시간을 근무하고, 그 후에는 자유롭습니다." 아널드는 특히 영국 교사들이 체육 활동을 감독하느라 한 시간을 더 일해야 하는 관행이 점점 퍼지는 현상에 반대하는 의견을 내놓았다. 아널드와 밀의 경우 모두 19세기 중반의 직업 세계에서 일주일에 스무 시간 남짓 일하고 그에 대한 보수를 넉넉히 챙기는 것이 얼마나 보편적이었는지 잘 보여준다.

오늘날에는 정확히 정의된 근무 시간조차도 존중받지 못하는 듯하다. 어떤 의미에서 우리는 항상 일을 해야 하는 상황에 처해 있다. 접속 기술의 발달로 인해, 오랜 시간에 걸쳐 꾸준히 점점 바빠지고 있다. 18세기 초 스코틀랜드에서는 일손을 구하고자 한여름에 누군가의 집을 방문했을 때, 그들이 '런던에 갔다가 크리스마스쯤에나 돌아올 것'이라는 대답을 듣기 십상이었다. 긴급히 해야 할 일이 있다면, 열흘 밤낮을 마차를 타고 가서 그들을 찾아야 했다. 마차가 아니면 편지를 쓸 수도 있었는데, 편지가 도착하는 데는 110시간이 걸렸고 이틀 치 평균 임금인 2실링이 들었다. 하지만 이내 일 처리는 빨라지고 저렴해졌으며, 기술은 점점 정교해졌다. 1840년이 되자 편지는 33시간 만에 도착했고, 비용은 1페니(오늘날의 돈으로 5파운드 정도)가 들었다. 1858년 최초의 대서양 횡단 전신 케이블이 성공적으로 설치되기 전까지는 상대방이 해외에 나간 경우 최소한 몇 주 혹은 몇 달 동안 연락이 닿지 않았다. 만약 오스트레일리아로 갔다면 1872년 10월까지는 안전히 있을 수 있었다.

1930년대 이후부터는 텔렉스로 인해 업무가 더 끈질기게 사람들을 따라다녔다. 전 세계 어디에나 방대한 문서와 파일이 따라올 수 있었으므로 관련 자료가 수중에 없다는 변명은 통하질 않았다. 하지만 텔렉스 시스템은 비용이 많이 들고 전문 담당자가 필요했기에 사용에 제한이 있었다. 1993년이 되자 이메일이 이러한 문제를 해결하면서 통신 비용은 거의 0으로 줄어들었다. 그러나 당신은 기차를 타고 있거나 공항에 있어서, 아니면 점심을 먹으러 사무실을 비우는 바람에 이메일을 받지 못했다는 무척이나 합리적인 이유를 댈 수 있었다. 2007년 스마트폰이 대중화되기 전까지는 그랬다. 이제 타당한 이유로 연락이 닿지 않는 순간은 거의 없다. 기껏해야 샤워 중이었다는 구실 정도가 있을 수 있겠지만, 요즘 방수 케이스는 성능이 무척 좋다. 텍사스의 빅 벤드 국립공원에 있었다는 말은 할 수 있겠다. 그곳은 지금까지 휴대폰이 거의 터지지 않는 곳이니까. 통신의 역사는 성공의 역사라 할 수 있지만, 또 한편으로는 개인의 사생활에 대한 비극적인 정복의 기록이기도 하다.

현대의 육아 방식은 현대 자본주의와 직접적인 충돌을 빚게 되었다. 우리가 경쟁, 불안, 끊임없는 소통의 중요성을 발견한 바로 그 순간, 존 볼비 덕분에 안아주기, 잠자리에서 동화책 읽어주기, 카펫 위에서 끈기 있게 놀아주기 등의 중요성 또한 깨닫게 되었다. 출장에서 늦게 돌아온 부모는 그동안 놓친 아이의 저녁 목욕 시간과 잠자리에서 읽어주지 못한 동화책의 숫자 때문에 초조해졌다. 우리의 연약한 부분이 깨어났고, 이제는 그 부분이 쓰리다. 하지만 이러한 걱정은 십자군 원정에서 돌아온 기사에게는 생겨나지 않았을 것이다. 1095년, 아들 볼드윈이 두 살이었을 때 플랑드르의 로베르 백작은 성지로 향하는 첫 번째 십자군에 참전하여 바다를 건넜다. 그는 1099년 8월에 돌아왔고, 그때까지 1,460번의 잠자리 동화를 건너뛰었다. 하지만 로베르는 죄책감을 느끼지도 슬퍼하지도 않았다. 11세기 유럽에서 좋은 아버지란 자녀와의 접촉 횟수로 평가받지 않았기 때문이다.

자녀 양육에 대한 최선이자 엄청나게 많은 시간을 잡아먹는 생각들은 참으로 난처한 순간에 도달하고 말았다. 경제를 운영하는 방법에 대한 최고의 생각과 가족을 부양하는 방법에 대한 최고의 생각이 상충하는 바로 그 순간에 말이다.

특히나 우리는 사실상 모든 가족 구성원이 집안일에 관여하는, 그간의 역사를 기준으로 놓고 보면 이례적인 시대에 살고 있다. 오늘날 우리는 하인을 두는 것을 엄청나게 사치스러운 생각이라고 보는 경향이 있다. 하지만 오랜 기간 인류의 상당수는 자신들의 가사를 도와줄 사람을 고용했다. 예를 들어 1850년 영국에서는 연 소득 300파운드(통상 관리직의 기본 수입이었다)인 가정에서는 일반적으로 두 명의 거주 하인을 두었다. 그 절반(연간 150파운드)을 버는 사무원조차도 보통 전업 하녀를 고용했다. 심지어 방 하나를 임대해 살아도 다른 사람과 하인을 공유해 썼다. 하지만 제

메리 프레이, '가정의례' 연작, 1979~1984년

2차 세계대전 이후, 고도의 생산성을 보이는 경제 체제에서는 집에 살면서 차를 우려내고, 벽난로 선반의 먼지를 털고, 욕조를 청소해 주는 동료 시민을 고용하는 일에 사실상 금지나 다름없는 비싼 비용이 들었다. 1950년대와 1960년대의 기술 발전—진공청소기, 식기세척기, 회전식 세탁물 건조기—으로 인해 집안일은 다소 덜 번거로워지기는 했으나 거기서 완전히 벗어나지는 못했다. 우리를 집안일에서 완전히 손 떼게 해줄 로봇 하인은 아직 기약 없는 약속으로 남아 있다. 물론 언젠가는 로봇 하인이 대세가 될 것이다. 2045년쯤에는 로봇 하인이 널리 사용되고 가격도 저렴해질지 모른다. 그러니 그때가 되면 1945년~2045년은 가사 노동이 하인의 일도 로봇의 일도 아니었던 시기로 기록될 것이다. 역사의 거대한 발전에서 한 세기라는 시간은 아무것도 아니다. 그저 우리가 지금 그 시기에 살고 있다 보니 이상하고 힘들 뿐이다. 우리는 많은 압박이 주어지는 현대 경제 환경에서 일하면서 가정생활을 유지하는 것이 어려울 수 있다는 사실을 인정하길 꺼려왔다. 대규모로 생각해 보지 않았지만, 독신으로 사는 것이 나쁘지 않을 수 있다는 생각을 해볼 필요가 있다. 역사적으로 이 질문은 매우 진지하게 받아들여졌고, 종종 대답은 '그렇다'였다. 많은 직업이 가정을 꾸리는 삶과는 양립할 수 없다고 여겨졌다.

'휘트비의 힐다'는 영국 초기 역사에서 가장 강력하고 뛰어난 성인聖人 중 한 명이다. 그녀는 대규모의 농업 사업을 운영한 고위 관리자였고, 선구적인 교육 전문가이자 왕과 왕자들에게 왕국의 지배 방법을 조언한 인물이었다. 더군다나 이 모든 일을 하면서도 사람 좋기로 유명했다. 하지만 힐다는 결혼하지 않았고, 자녀도 없었다. 그녀가 수녀라서 결혼할 수 없었고 자신을 지원하는 가족도 없었기에 직업적 기회를 최대한 활용해야 했다는 이야기가 아니다. 생각의 흐름은 그 반대다. 힐다가 빛나는 경력을 쌓고 공동체를 위한 수많은 업적을 거둘 수 있었던 까닭은 자녀, 가족관계, 가정생활의 부담에서 자유로웠기 때문이다. 수녀로 산다는 것은 효율적인 공동 가정에서 산다는 의미였다. 그녀는 자기

가 모든 걸 챙길 필요 없이 식사, 세탁, 난방 등을 제공받으며 살았다.

이것이 바로 지식, 행정, 문화 등 특정 분야의 일에 대해 수 세기 동안 지속된 접근 방식이었다. 1900년 당시 영국 학계는 전적으로 결혼하지 않은 이들을 위한 직업이었다. 특정 직업은 큰 노력과 지속적인 헌신을 요구하며, 커다란 상상력을 발휘해야 하므로 가정에 대한 의무와 병행하려 해서는 안 된다는 견해가 있었다. 수도원이나 대학처럼 잘 조직된 공동체에서 살아야 하고, 독신이어야 하며, 주로 같은 분야에 종사하는 사람들과 어울려야 했다. 이는 우리가 수많은 복잡한 일을 한 번에 처리할 것을 요구받고 있다는 사실을 상기시킨다. 우리가 언쟁하고, 분개하고, 때때로 절망감을 경험하는 것도 놀랄 일이 아니다.

아마도 가장 괴로운 건 현대 사회가 이 문제를 부인하고 있다는

19세기 휘트비의 힐다.

사실이리라. 현대 사회는 자본주의와 가정생활이 직접적으로 충돌한다는 걸 인정하지 않는다. 현대 사회가 '일과 삶의 균형'을 이루는 것이 가능하다고 말하는 것은 참으로 감상적이면서도 현실을 무시한 모욕적인 주장이다. 그런 가능성 같은 건 있을 수 없다. 싸워 얻을 가치가 있는 것들은 모두 삶의 균형을 무너뜨린다. 가정생활과 직장 생활을 동시에 잘 하내려는 시도는 필연적으로 고된 야망이 된다. 어쩌다 잘 될 경우도 있겠지만, 거의 성공하지 못한다. 우리는 이 엄청나게 달성하기 어려운 목표를 달성하지 못했다며 자신에게(그리고 배우자와 자녀에게) 분노하고 만다.

어쩌면 누군가는 슈퍼마켓 체인의 회계 부서에서 일하면서 빈의 그로서 무지크페라인잘에서 피아노 연주회를 여는 것을 병행하지 못했다고—두 가지 일의 수준을 거의 공평하게 놓고는—자신을 호되게 질책할지도 모르겠다. 하지만 실패는 개인적인 문제가 아니다. 일과 가정생활이 상충하는 것은 우리의 무능이나 의욕 부족 때문이 아니다. 단지 두 가지 거대한 상반되는 주제가 충돌하는 역사의 한 시기에 살고 있을 뿐이다. 가족을 돌보고 양육하는 데는 많은 시간과 노력이 요구된다. 마찬가지로 일, 효율, 이익 및 경쟁을 위해서도 많은 시간과 노력이 필요하다. 두 가지 모두 중요한 통찰에 기반을 두고 있지만, 서로를 배척한다. 우리는 크나큰 동정을 받아 마땅하다.

7

사랑   Love

로마 시인 오비디우스는 『변신이야기Metamorphoses』 10부에서 세상에서 가장 기묘하고도 인상적인 신화 한 편을 소개한다. 피그말리온이라는 키프로스의 조각가가 여자 문제를 일으켰다는 이야기다. 피그말리온은 프로포이투스라는 남자의 딸들이 사랑의 신 베누스를 숭배하는 것을 거부하고 매춘으로 전락하는 것을 보았다. 그로 인해 그는 '여자에 관심을 두지 않기로' 마음먹고 자기 작업에 전념한다. 하지만 그는 옛날을 떠올리며 자신이 늘 갈망하던 여인의 형상을 상아로 조각하기로 한다. 마침내 조각이 완성되고, 여인의 나신을 바라보던 피그말리온은 자기가 깊은 사랑에 빠졌다는 사실을 깨닫는다. 그녀가 그저 조각에 불과하다는 사실에 상심한 피그말리온은 베누스에게 자신을 가엾게 여겨달라 간청한다. 베누스는 제물을 받는 대가로 상아 조각을 진짜 여인으로 바꿔주는데, 그녀는 깨어나자마자 피그말리온의 감정을 받아들인다. 둘은 황홀한 입맞춤을 나누고, 피그말리온은 그녀의 육체를 탐구하기 시작한다(오비디우스는 나머지 부분을 우리의 상상에 맡긴다). 얼마 지나지 않아 피그말리온과 그의 연인은 결혼해 아이를 낳고 오래오래 행복하게 산다.

역사적 관점에서 인상적인 점은 이 신화가 인기를 얻은 시간과 지역이다. 피그말리온 신화는 19세기 후반 유럽과 북미 지역에서 유행했다. 그전에도 알려져 있었지만, 그때 갑자기 숭배의 대상으로 떠올랐다. 피그말리온 신화는 이 시기 문화 전반에서 두 번째로 많이 채택된 회화 주제였는데 오귀스트 로댕, 장레옹 제롬(4

회), 에드워드 번존스(5회), 어니스트 노르망 등이 이 주제를 다루었다. 또한 극작가, 작곡가, 시인들이 재해석하기도 했다. 이 이야기의 인기는 그저 우연이 아니다. 이는 역사학자들이 낭만주의라 부르는, 당시 번성하던 사상적 조류와 맞물려 있었다.

낭만주의는 연인 관계에 대해 이전에 존재했던 것과는 다른 모습을 제시했다. 낭만주의는 열정적인 사랑만이 두 사람이 좋은 관계를 형성할 수 있는 유일한 기반이라고 주장했다. 친절함, 온화한 매력, 지적 교류, 그리고 서로의 곁에서 함께 늙어가겠노라는 맹세만으로는 충분치 않았다. 돈에 대한 견해, 가사 관리, 부모의 의견 같은 실제적인 고려 사항 또한 설 자리가 없었다. 이런 문제들은 '비낭만적'인 것으로 간주되었다. 낭만주의자들은 진정한 연인이라면 말하지 않아도 직관적으로 서로를 이해하리라 믿었다. 두 영혼이 별안간 서로를 공감하고, 어쩌면 전생에서부터 이 사람을 알았던 것 같은 강한 예감이 들면 그걸로 충분했다. 사랑이란 누군가를 처음 본 순간 단번에 알게 되고, 그 자리에서 바로 싹트는 것이다. 직관을 통해 한눈에 평생을 함께할 사람을 찾을 수 있다. 사랑에 빠지는 과정이 빠르고 극적일수록 관계는 더 안전하리라 여겨졌다. 사랑에 대해 너무 많이 생각하는 건 무척이나 낭만적이지 않고 위험한 신호였다. 연인과는 대화를 나눌 필요가 전혀 없었다.

낭만주의자들은 진정한 사랑이란 성적 매력과 정신적 공감의 완벽한 결합을 필연적으로 수반한다고 보았다. 사랑하는 이에게 성적으로 별로 흥분하지 않거나 품성에 부족함이 있는 사람을 좋아한다는 건 상상할 수조차 없는 일이었다(이 과정에서, 낭만주의는 간통을 '문제'에서 '재앙'으로 바꿔버렸다). 낭만주의는 당시만 해도 한때 스쳐가는 사춘기의 환상이나 광기의 일종으로 여겨지던 사랑을 삶의 모든 의미로 새롭게 구성했다. 우정, 노동, 종교, 철학, 취미, 여행, 정치 등은 이제 더 이상 어떤 약속도 해줄 수 없었다. 행복은 오로지 평생을 함께할 영혼의 동반자를 찾는 데 전적으로 달려

어니스트 노르망,
〈피그말리온과 갈라테아〉, 1881년

에드워드 번존스,
〈영혼의 획득〉, 1878년

장레옹 제롬,
〈피그말리온과 갈라테아〉, 1890년경

있었으며, 그 사람을 제외한 나머지는 누구든 무엇이든 불필요해질 터였다.

사람들은 피그말리온 신화가 낭만주의에 의해 재발견된 이유를 이해할 수 있었다. 피그말리온은 낭만주의가 믿는 모든 것을 대변했다. 그는 첫눈에 반하여 열정을 키웠다. 아무런 말도 필요 없었고, 조각 형태의 연인을 이해할 필요도 없었으며, 그녀의 견해나 포부에 대해 알고자 애쓰지도 않았다. 그는 그녀의 외양 외에는 그녀에 대해 아는 것이 아무것도 없었지만, 전적으로 그녀를 사랑했다. 그 사랑은 영원할 것이고, 아이들도 포함될 테지만, 이 사랑에는 '안녕하세요'라는 인사조차 필요치 않았다. 문화적 명성이라는 겉치레를 걷어내면 이 이야기는 광기에 가깝거나, 더 정중히 말하자면 무척 '낭만적'이다.

정서적 문화에 대한 피그말리온의 영향력을 뛰어넘는 낭만적 커플이 등장했는데, 바로 로미오와 줄리엣이다. 이들은 19세기 후반 화가들에게 인기 있는 주제였다. 낭만주의는 셰익스피어의 희곡 중 가장 변변찮고 잊힌 작품으로 평가받던 이 희곡을 그의 가장 뛰어난 작품으로 새로이 분류했다. 19세기 후반 런던과 파리에서는 이 작품이 공연되지 않는 날이 없었다. 다소 애처롭고 허무맹랑한 십 대의 사랑 이야기였던 이 작품은 이제 모든 사람과 시대를 아우르는, 사랑의 모든 의미를 담아낸 작품으로 재평가되었다. 이탈리아 베로나에 살던 한 소년과 소녀의 이야기는 대학 졸업생과 자격증을 갓 취득한 회계사들에게 사랑에 대한 믿음직스러운 안내자가 되어주었고, 뇌이쉬르센과 레밍턴 온천을 방문한 부부들에게 자신들의 감정을 탐색할 수 있는 나침반이 되어주었다. 이 이야기는 단순한 오락물이 아니라 (유혈이 낭자한 결말은 제쳐두고라도) 하나의 로드맵이었다.

안타깝게도, 낭만주의는 예술과 문학의 테두리 안에만 머물지 않았다. 단순한 지적 활동에 그치지 않고, 자신과 타인을 평가하는

포드 매덕스 브라운,
〈로미오와 줄리엣〉, 1867년

에이브러햄 솔로몬,
〈1등 칸: 만남… 그리고 첫 만남에 빠진 사랑〉,
1854년

데 실질적인 영향을 끼치기 시작했다. 기차, 파티, 침실, 해변 휴양지에서 일어나는 일들을 바꾸었다. 오비디우스나 셰익스피어를 읽지 않아도 영향을 받을 수 있었다. 낭만주의는 모두의 마음에 똑같이 스며들었고, 그 영향력은 전 세계로 퍼졌다. 낭만주의는 현대의 공식 종교가 되었으며, 성자와 신에 대한 믿음을 잃어버린 자리를 채워주었고, 심지어는 연인을 '천사'라고 부르라고 부추기기까지 했다. 낭만주의라는 새로운 종교의 승리는 완전한 것이 되었다. 더는 낭만주의에서 벗어날 수 없었고, 이를 제대로 생각할 수조차 없었다. 마닐라 시내의 소년과 소녀는 함께 영화를 본 후 낭만주의적 방식으로 형성된 감정을 본능적으로 떠올릴 터였고, 시애틀에 사는 가정주부는 결혼 생활을 회고할 때 낭만주의의 안내를 받게 되었다.

낭만적인 감정을 느끼지 못하는 사람들은 생존을 위해 그 감정을 흉내 내거나 가장할 수밖에 없었다. 이로 인해 피그말리온 이야기가 다소 이상하게 느껴지는 자신에게 큰 문제가 있다고 생각할 수도 있었다.

이 과정에서, 낭만주의는 성공적인 관계를 맺을 수 있는 우리의 능력에 큰 방해물이 되었으며, 사랑에도 재앙이 되고 말았다. 낭만주의가 만든 장애물을 가늠해 보려면, 피그말리온과 그의 조각상 아내가 기적적으로 결합한 이후 오랜 세월 얼마나 많은 문제에 부딪혔을지, 그리고 낭만주의에 대한 종교적 숭배가 그들을 (우리 모두도 마찬가지로) 얼마나 준비되지 않은 상태로 남겨 놓았을지 상상해 보는 것만으로도 충분하다.

낭만주의는 우리의 본능에 대한 매력적이리만치 순진한 관점, 그리고 그 본능이 옳다는 믿음에 따라 작동했다. 낭만주의는 우리가 '사랑에 빠진다'라고 부르는 것이, 실제로는 어린 시절 경험했던 감정적 관계를 다시 찾아가는 과정이라는 점을 망각했다. 그러한 감정적 관계에는 고통, 거리감, 괴로움, 외면, 좌절 등이 수

반된다. 우리의 본능은 우리를 순수하게 행복하게 해줄 존재를 찾기보다는, 어린 시절부터 익숙했던 방식으로 우리를 불행하게 만들 친숙하면서도 골치 아픈 사람에게, 예전에 겪었던 괴로움을 똑같이 반복하고 싶은 심리적 충동을 끄집어내는 사람에게 우리를 인도하는 경향이 있다.

낭만주의는 우리가 깊이 의심해야 할 본능을 숭배할 뿐만 아니라 상대를 제대로 이해하려는 의지마저 꺾어버렸다. 낭만주의는 우리가 이미 상대를 충분히 알고 있다고 주장한다. 이는 대화를 어렵고 부담스럽게 만들며, 인내심 있는 분석을 잘난 체하는 현학이라고 여기게 한다. 모름지기 진정한 연인이라면 영혼의 신비스러운 움직임을 통해 소통해야 한다는 점을 강조한다. 이로 인해 피그말리온의 아내처럼 연인은 서로의 성급한 상상이 빚어낸 허구의 산물이 되고 만다.

결국 진정한 연인이라면 서로의 속마음이 어떤지 자연스럽게 알 수 있다고 확신하기 때문에, 혹 자신이 설명하지 않은 것들을 상대가 이해하지 못하면 분노한다. 자연히 성에 대해서도 불필요하게 공격적인 견해를 갖게 된다. 우리는 서로의 욕망에 대해 솔직해야 한다고 생각하지만, 때로는 섹스와 사랑이 반대로 흘러갈 수도 있다는 사실을 깨닫게 된다. 이러한 상황에 당황하여 원래는 문제없던 완벽한 관계를 끝내는 경우가 생기기도 한다. 진정한 연인이란 서로의 모든 것을 흠모, 존경하는 것이라는 이미지에 사로잡혀, 두 사람이 서로를 더 나은 존재로 성장시키기 위해 이끄는 일이 얼마나 큰 사랑인지 깨닫지 못한다. 진정한 연인이라면 자신을 '있는 그대로' 받아들이길 바라지만, 이는 매우 두려운 일일 수 있다. 우리는 사랑을 타인의 완벽함에 대한 경외심으로 생각하지만, 사실 사랑은 상대의 결점과 부족한 면을 인내하고 자비롭게 대하는 것이다.

현대가 그 어느 시대보다 사랑에 집착하면서도 건강하고 지속 가능한 관계를 맺는 데 실패했다는 점은 전혀 놀랄 일이 아니다. 미래는 낭만주의가 차지하지 못할 것이다. 미래에는 낭만주의의 결함에 대한 제대로 된 분석이 이루어질 것이며, 역사적 관점의 사후 분석을 통해 사랑에 대한 보다 다정하고, 보다 사려 깊으며, 보다 심리적이면서도 보다 자애로운 접근법이 출현할 것이다. 우리는 피그말리온을 미술관이 아니라 상담실로 보내는 법을 배울 것이다.

8

성   Sex

1953년 4월 초, 프랑스 칸 해변에서 세상은 성性이라는 문제에 있어서 현대적으로 바뀌었다. 당시 열여덟 살이던 브리지트 바르도가 자신의 새 영화(공동 주연은 커크 더글러스였다) 〈사랑의 총구〉를 홍보하기 위해 전 세계 언론매체 앞에 나타났을 때 비로소 현대로 진입하였다. 그녀는 조그만 꽃무늬 비키니를 입고 있었다. 비키니는 당시만 해도 카메라에 거의 찍히지 않던(1961년까지 미국 영화에서는 배꼽을 드러내는 것이 불법이었다) 의상으로, 그 전해에 교황 비오 12세가 규탄한 바 있다.

1946년 미국이 마셜 제도의 비키니 환초에서 핵실험을 하고 며칠 뒤, 프랑스 디자이너 자크 하임이 비키니를 고안했다. 그는 자신이 만든 옷이 수소 폭탄만큼이나 폭발적인 반응을 불러일으키리라 예상했기에 비키니라는 이름을 골랐다. 바르도와 칸 영화제가 도화선에 불을 붙이기까지 시간이 좀 걸리긴 했지만, 비키니와 그것이 상징하는 모든 것이 새로운 시대를 열었다. 전 세계의 여성들은 기존의 원피스 수영복을 벗어던졌고, 더욱 중요한 것은 원피스와 더불어 연관되어 있던 수많은 신체에 대한 태도까지도 버렸다. 1960년 브라이언 하일랜드는 '작고 앙증맞은 노란색 물방울무늬 비키니'라는 곡을 발표하여 히트를 쳤다. 1963년 영화 〈해변의 파티〉와 1964년의 〈비키니 해변〉에서도 비키니는 영화의 중심이었다. 가톨릭교회는 영화 검열관과 보수 단체가 그랬듯 싸움을 포기했다. 이후 수십 년 동안 비키니는 정상적인, 즉 '해방된' 존재의 특성으로 여겨졌다.

비키니는 단순한 의상이 아니라 육체와 성에 대한 새로운 태도를 상징했다. 수치심과 죄책감에서 벗어나고, 부끄럽고 억압된 과거의 유산을 떨쳐버린 자유롭고 활기찬 시대의 삶을 상징했다. 고대 로마와 그리스 사람들은 조각상, 모자이크, 올림픽 경기를 통해 신체의 아름다움과 운동능력에 대해 자부심을 느꼈다. 현대에서는 비키니가 이러한 자유와 자랑스러움을 상징하게 되었다.

기독교는 브리지트 바르도를 로마인들과 구분 지었다. 교회는 수백 년 동안 육체와 전쟁을 벌여왔고, 나체를 아담과 이브의 죄와 연관 지으면서 우리의 수치심이 조상들의 죄로 인한 처벌인 듯 느끼게 했다. 많은 이들이 자기 육체를 보며 불편해한다는 점이야말로 인간에 대한 근본적인 사실, 즉 우리가 죄인의 후예라는 사실에 대한 단순명료한 증거였다.

현대가 도래하기 이전에 자신의 성적 취향과 육체를 좀 더 자유롭게 즐기고자 했던 소수의 예술가들은 유럽의 국경 너머로 눈을 돌려야 했다. 19세기 프랑스 화가 폴 고갱은 칸에서 몇 시간 떨어진 프로방스에서 몇 달을 보낸 후, 점잔빼는 자기 조국이 제공하지 못하는 이교도적 정신을 찾아 타히티로 떠났다. 유럽의 실크해트와 긴 드레스에서 멀어지자, 에덴동산에 있는 양 벌거벗은 채 야자수 아래 편안히 앉아 있는, 자기 몸이 창피하다는 개념 자체가 없는 사람들이 그의 앞에 나타났다. 하지만 1953년이 되자 더 이상 그렇게 멀리 갈 필요가 없어졌다. 타히티 문화가 프랑스로 전파되었기 때문이다.

현대 이전의 세계에서 성을 다루려던 시도는 칸 영화제 이후의 세계에서 보기에는 고통스러운 수준의 회피, 속임수, 신중함으로 점철되었다. 19세기의 의사들이 의학적 근거를 들어 해변 여행을 권장하기 시작했을 때, 낯선 사람에게 자기 몸을 드러내지 않고 물에 들어가기 위해 여성들이 기울여야 했던 노력은 기술적으로는 인상적이었지만, 심리적으로는 매우 터무니없었다. 특수 제작

▎ 폴 고갱, 〈즐거운 대지〉, 1892년

한 바퀴 달린 오두막을 말을 이용해 물속으로 밀어 넣었는데, 여성들은 그 안에서 뚜껑을 열고 아래로 내려가 몸을 담글 수 있었다. 당시에는 여성의 팔꿈치나 맨 어깨가 보이는 것조차 부적절한 것으로 여겨졌다.

이러한 왜곡된 사고는 성적 욕망이 건전하고 선한 삶의 적이라는 관점에서 비롯되었다. 성적 욕망은 우리 안에 있는 이성을 유혹하고, 고통스럽게 만들고, 합리적인 일상을 방해하고, 자신을 병들게 하는 광기의 일종이라고 여겨졌다. 임신할 계획을 세우는 아주 드문 순간을 제외하면 성행위를 존엄한 것으로 내세울 여지가 전혀 없었다. 우리가 성행위라는 이름을 떠올리고 행하는 모든 것들은 짐승 같은 짓거리였다. 예술가들과 철학자들은 선한 사람의 내면에서 벌어지는 욕망과 정숙함 사이의 전투에 대해 이야기했다. 누구도 그 영원한 내전을 피할 수 없지만, 도덕적인 사람들은 이 문제를 해결할 방법을 알고 있다고 했다.

1911년, 해변의 이동식 오두막에 앉아 있는 여성.

르네상스 시대의 철학자 마르실리오 피치노는 두 종류의 사랑에 대해 논했다. '아모르 디비누스', 즉 하느님의 사랑은 인류를 우주의 창조주와 하나로 묶어주었다. 이 사랑은 감사, 자비, 이타심, 합리적 이성에 대한 헌신을 불러일으키는 사랑이다. 반면 '아모르 페리니우스', 즉 짐승의 사랑은 끊임없는 자위, 기력소진, 타락, 변태적 행위의 수단이다. 철학의 목적은 학생들의 관심을 후자에서 전자로 바꾸도록 설득하는 것이었다. 이것이 얼마나 어려울지에 대해서는 의심의 여지가 없었다. 성욕은 최고로 잘 준비된 계획과 가장 깊은 형태의 미덕도 파괴할 수 있는, 대재앙에 버금가는 강력한 힘으로 여겨졌다. 기독교 시대에 떠돈 출처 불명의 이야기에 따르면, 고대인 중 가장 현명한 사람으로 명망 높았던 아리스토텔레스는 알렉산드로스 대왕의 애첩 필리스에게 사로잡힌다. 그녀는 아리스토텔레스의 욕망을 벌하기 위해 그의 입에 목줄을 물리고 벌거벗은 채 기어다니도록 했다고 한다. 이는 욕망이 이성보다 훨씬 더 강력하다는 걸 사람들에게 보여주려는 의도였다.

기독교 시대가 되자, 로마 신화에 등장하는 사랑의 여신 베누스는 그전까지 알려져 있던 것처럼 장난스러운 욕망의 화신이 아니라 주문을 걸어 준엄한 사람들의 굳은 결심을 깨트리는 악명 높은 유혹자로 여겨졌다. 루브르 박물관에 걸려 있는 14세기 초의 한 그림에는 베누스의 음부에서 광선이 발사되어 여섯 명의 위인을 한꺼번에 눈멀게 하는 모습이 그려져 있다. 그 여섯 위인은 바로 아킬레우스, 트리스탄, 랜슬롯, 삼손, 파리스, 트로일로스다. 눈을 돌리기란 정말 어려웠을 터였고, 시도조차 하지 않는 건 훨씬 더 위험한 일이었다.

젊은 세대를 교육하는 이들의 최우선 과제는 악덕(대개는 아름다운 여성)과 미덕(대개는 점잖긴 해도 우유부단한 남성) 사이의 싸움에서 올바른 선택을 할 수 있도록 젊은이들을 돕는 것이었다. 심지어 겉으로 보기에 선한 사람도, 화살을 쏘아 최선의 의도를 파괴할 준

카를로 3세의 익명의 거장, 〈여섯 명의 전설적인 연인 아킬레우스, 트리스탄, 랜슬롯, 삼손, 파리스, 트로일로스의 숭배를 받는 베누스의 승리〉, 14세기경

비를 하고 있는 매혹적이지만 사악한 큐피드의 영향을 받을 위험이 잠재되어 있었다. 수 세기 동안 욕망은 즐거움이나 기쁨이 아니라 함정이자, 어쩌면 사형 선고였다.

욕망에 대한 예술과 철학의 이러한 냉혹한 평가에 더하여, 19세기 의학은 금지의 층을 한 겹 더 쌓았다. 오스트리아의 정신과 의사 리하르트 폰 크라프트에빙이 보기에 성욕은 악마나 사악한 큐피드의 직접적인 소행이라기보다는, 우리로 하여금 그러한 소행을 하도록 만드는 요인일지 모른다고 주장했다. 1886년 펴낸 기념비적인 저작이자 19세기 유럽에 가장 큰 영향력을 끼친 성 관련 저서인 『광기와 성Psychopathia Sexualis』에서, 크라프트에빙은 성욕으로 인하여 일어나는 다양한 변태적 행위와 질병에 초점을 맞췄다. 차분하고 냉철한 산문으로 쓰인 이 책은 성욕의 본성에 대한 혐오를 숨기지 않았다. 크라프트에빙은 서문에서 "고삐 풀린 사랑은 주변을 불태우고 폐허로 만드는 화산이며, 명예, 재산, 건강을 모두 집어삼키는 심연"이라고 썼다. 그 후 성욕으로 인해 우리의 내면에서 자라난 고통스럽고도 비정상적인 충동을 다룬 수백 가지 사례연구를 간략히 설명했다. 예를 들면 아래와 같다.

사례 1: 줄곧 감각적인 쾌락에 탐닉하지만 예의범절을 지키며 살던 Y씨는 76세 이후 점진적으로 지적 능력이 하락하고 도덕관념이 변태적으로 물들어 갔다. 쾌활하고 겉으로 보기에 도덕적이었던 Y씨는, 이제 매춘부들과 어울리느라 재산을 탕진하고 개음굴에만 발걸음하며 길 가는 여자 아무나 붙잡고 결혼하자거나 성교를 허락해 달라는 부탁을 벌이는 등 정말 혐오스러운 인간이 되어 결국 정신병원에 입원시켜야만 했다. 그곳에서 Y씨의 성적 흥분은 음란증으로 발전했고, 그는 사망할 때까지 끊임없이 자위했는데, 심지어 다른 사람 앞에서도 그랬다. 그는 외설적인 생각에만 즐거워했으며, 주변의 남성들을 여성이라고 생각하여 음란한 제안을 하며 그들을 따라다녔다.

사례 59: 모범적인 남편이자 무척 도덕적이며, 여러 자녀의 아버지인

X씨는 때때로 매음굴을 급방문하여 덩치 큰 여자 두세 명을 고른 다음 그들과 함께 시간을 보냈다. X씨는 상의를 모두 벗고는 바닥에 누워 복부에 손을 겹쳐 올린 뒤 눈을 감고 나서 여자들에게 자신의 벌거벗은 가슴과 목, 얼굴 위를 걸어 다니도록 했고, 걸음을 옮길 때마다 신발 뒤꿈치로 살을 세게 누르라고 재촉했다. 때로 더 무거운 여성을 요구하거나 이보다 더 잔인한 행동을 원하기도 했다. 두세 시간 정도 충분히 즐긴 후 여자들에게 와인과 돈을 주고, 몸에 난 푸르스름한 멍을 문지르고, 옷을 입은 뒤 계산을 한 다음 생업으로 돌아갔다. 그리고 몇 주 뒤, 그 이상한 쾌락을 즐기고자 또다시 찾아왔다.

크라프트에빙의 후계자인 지그문트 프로이트의 글은 크라프트에빙처럼 까다롭지 않았지만, 성적 견해는 비슷했다. 그의 환자들에게도 성은 대부분 어둡고 강박적이고 이상했으며, 문명적이고 도덕적인 삶을 방해하는 요소였다.

이와 비교한다면 브리지트 바르도는 참으로 신선하지 않은가. 위대한 오스트리아 의사 두 명의 음침한 분석이나 르네상스 철학자들이 손가락을 까딱거리며 날리던 경고, 또는 철학자들의 무시무시한 훈계에서 참으로 멀리 떨어져 있지 않은가. 그녀는 가벼움과 순진무구함, 그리고 에덴으로의 회귀를 상징한다. 현대는 우리에게 하늘을 날고 소아마비를 치료하고 다른 대륙에 전화를 걸 수 있도록 해주었으며, 또한 침대에서 자연스럽고 행복한 기분을 느낄 수 있게 해주었다. 현대인인 우리는 수백 년간 겪어온 성에 대한 강박과 두려움, 불안, 슬픔으로부터 마침내 '해방'된 것이다.

현대는 자신이 다시없을 도움을 베푼 것이라 여겼다. 비키니를 입고 해변에서 발리볼을 즐기는 게 매음굴에서 짓밟히는 것보다는 더 나은 일이다. 하지만 현대 사회가 성에 대한 관점이나 관계를 더 복잡하고 어렵게 만들었다는 것 또한 분명한 사실이다. 과거의 사람들은 성이 까다로운 것이라는 걸 인식하고 있었다. 성욕은 창피한 것일 수 있고, 후회할 일을 저지르게 만들 수도 있으

파르미자니노, 〈큐피드〉, 1523~1524년경

며, 고귀한 이상에 대립하는 것일 수 있고, 사랑과 충돌할 수 있으며, 자기혐오를 불러일으킬 수도 있었다. 또한 후환이 두려운 탓에 성적으로 흥분하거나 다른 사람을 흥분시키지 않도록 합리적인 조치를 취할 필요가 있다는 걸 인정하는 데 아무 거리낌이 없었다. 이는 모두가 당연히 여기는 기본적인 진실이었다. 이는 확실히 우울한 이야기들이긴 하나, 여러 면에서 각자가 자기 고유의 성욕을 탐색하고 이해할 수 있는 유용한 배경을 제공해 주었다.

성을 비키니처럼 보는 관점은, 물론 의도야 훌륭하겠지만, 성욕과 함께 살아가는 많은 현실적 상황에 대해 제대로 대비하지 못하게 만들 수 있다. 이는 성이 깨끗하고, 다정하고, 즐거운 것과 상반될 수 있음을 인정하기 어렵게 한다. 이는 우리에게 매질하고, 비하하고, 모욕하고, 거칠게 대하고 싶은 욕망을 일깨울 수 있으며, 이성적인 자아상에 반하는 말과 행동을 하고 싶은 욕구를 불러일으킬 수도 있다.

성이 '정상적'이어야 한다고 암시하는 이 밝고 화사한 관점은 때로는 성적인 것이 명확하지 않을 때, 즉 인간 본성에 대한 건전한 평가 항목에 낄 수 없는 활동, '죄는 아닐'지라도 분명 어둡고 특이한 활동을 갈망할 때 우리를 더 외롭고 혼란스러우며 비정상적인 상태로 만든다.

성을 비키니처럼 보는 현대의 관점은 욕망과 사랑이 종종 분리될 수 있다는 점을 인지하지 못한다. 사랑하는 사람이 순식간에 더 이상 같이 자고 싶지 않은 사람이 되는 경우도 부지기수이며, 싫어하거나 혐오감마저 드는 낯선 이에게 억제할 수 없이 끌리는 바람에 성욕을 풀자마자 후회하는 위험도 가져올 수 있다. 성에 대한 현대의 관점은 성적인 일탈행위에도 어둡지만 평범한 면모가 있다는 식으로 안심할 만한 이야기를 해주지 않는다. 그러한 현대적 관점은, 근엄한 오스트리아 의사들이 그랬던 것과는 달리, 모든 성적 욕망과 행위는 원래 약간 정신 나간 것이며 결혼식 날에 이 사실에 대한 마음의 준비를 하고 들어가야 설사 결혼 생활이 골치 아파진다 해도 이를 일부 예외적인 사람들이 개인적으로 겪는 고통이 아니라 평범한 일부일처제 관계를 유지하는 과정에서 필연적으로 발생하는 일로 받아들일 수 있다는 귀띔을 해주지 않는다.

현대 이전의 세계에서는 성 문제를 이야기하기 어려웠다. 현대는 성에 대해 농담을 주고받는 일이 훨씬 쉬워져서 우리는 정복과 욕망에 대한 세부 사항들을 기꺼이 공유한다. 하지만 성욕의 기묘한 측면들, 이를테면 죄책감, 페티시, 외설스럽기 그지없는 생각들을 화제로 꺼내는 데 있어서는 나아진 점이 없다. 사실은 오히려 더 나쁜 상황에 처해 있는지도 모른다. 왜냐하면 우리는 해방되었으며, 창피함과 두려움을 극복해야 한다고 여겨지기 때문이다. 현대인으로서 깔끔하고 활기차며 활력이 넘쳐야 한다. 그렇지만 우리 중 많은 이들의 마음은 성적 고통과 경험 때문에 조용히 미쳐가고 있으며, 그들이 느끼는 괴로움은 중세의 수도사가 최악의 고통으로 몸부림치던 밤에 겪었을 법한 수준이리라.

성은 늘 지나치게 강력하고 과격하여 '정상적'일 수 없다. 본질적으로 성은 관습을 거스르는 것이다. 가장 현명한 태도는 우리가 에덴으로 돌아갈 수 없다는 사실을 인정하고 타히티 내지는 고대 로마, 아니면 칸에서 비롯된 인류 타락 이전의 일 같은 그 태평한 이야기에 의심의 눈길을 던지는 것일지 모른다. 가장 효과적인 것은 성은 까다로울 수밖에 없으며, 죄는 아닐지라도 무거운 짐이라는 것을 전제로 하는 것이다. 성은 경력을 관리하고, 자녀를 양육하고, 혹은 누군가를 수십 년 동안 다정히 존중하며 사랑하려는 모든 이성적인 행위와는 상충하는 요소를 가지고 있다.

성의 미래는 성이 단순하고 순진한 것이 될 수 있다고 상상하기보다는 성이 가진 특이함을 인정하고 용기와 은밀한 유머로 그에

파올로 베로네세,
〈악덕과 미덕 사이에 있는 소년〉,
1581년경

한스 발둥,
〈아리스토텔레스와 필리스〉,
1515년

대비하는 데 있다. 큐피드가 직접 화살을 쏴 우리를 타락시키는 일은 없겠지만, 우리 안에는 이성적으로 통제하기 어려운 충동이 있어서 우리를 우리가 원하는 곳에서 매우 멀리 끌어내릴 수 있다. 우리에게는 성이 정말로 기이하고 두려우며 매혹적이고 사악하다는 사실을, 그리고 앞으로도 언제까지나 그렇게 남아 있으리라는 사실을 터놓고 인정할 수 있는 새로운 언어가 필요하다. 그것이야말로 진정한 해방이 될 것이다.

에른스트 루트비히 키르히너,
〈커플〉, 1908년

9

외로움　　　　　　　　　　　　　　　Loneliness

현대로 접어들며 잃어버린 게 무엇일지 생각할 때, 흔히 식사 시간을 떠올릴 것이다. 이제는 온 가족이 같이 식사하는 시간이 좀체 없고, 함께 모이는 일도 드물며, 첨단기술이 이 시간을 방해하고 있다. 예전 방식으로 다 같이 식사하는 모습을 묘사한 그림에서 모든 세대가 식탁에 둘러앉아 직접 준비한 식사를 함께 나누는 게 얼마나 즐겁고 따뜻했을지 미루어 짐작할 수 있다. 심지어 집에서 기르는 말까지도 식사 자리에 초대되었을지 모른다.

프레더릭 조지 코트먼,
〈가족의 일원〉, 1880년

1954년 스완슨사의 냉동식품 칠면조.

이에 비하면 현대의 상황은 지극히 암울해 보인다. 과거에는 가족이 난로 주변에 둘러앉아 식사하는 게 일반적이었다면, 이제는 무릎에 음식 쟁반을 올려놓은 채 텔레비전 앞에서 혼자 식사하는 게 현대를 상징하는 이미지가 되었다. 미국에 처음 컬러텔레비전이 소개된 1954년, 네브래스카주 오마하에서 가금류 생산업을 하던 스완슨사社가 'TV 디너', 즉 냉동식품을 출시했다. 칠면조 가슴살 두 조각, 고구마, 버터를 바른 완두콩, 콘브레드 드레싱이 들어 있는 제품이었다. 회사는 출시 첫해에 5,000개를 판매할 계획이었는데, 막상 판매를 시작하자 천만 개가 팔렸다. 이후 몇 년 동안 스완슨사는 1인 식사에서 수많은 혁신을 이루어냈다. 식기에 네 번째 칸을 만들어 주로 시럽에 절인 사과나 복숭아를 채웠다. 칠면조 소시지와 치킨 에스칼로프•, 천연 그레이비 소스를 곁들인 쇠고기 살코기, 독일식 한 끼 식사('사워크라우트••, 슈페츨레•••, 바이에른 적양배추를 넉넉히 넣은'), 추수감사절 특별판('원기를 북돋아 줄 톡 쏘는 크랜베리 소스 추가. 만세!')도 생산했다. 화가 노먼 록웰이 그린 웃음으로 가득한 추수감사절 행사에서 스완슨사의 혼자 먹는 공장식 식사('그냥 데워 드시기만 하면 됩니다')로의 변화는 시간상으로는 짧지만

•
얇게 저민 살코기에 빵가루를 발라 튀긴 요리.

••
소금에 절여 발효시킨 양배추. 우리나라의 김치와 비슷한 요리.

•••
달걀을 섞어 만든 밀반죽을 끓는 물에 삶아 낸 파스타의 일종.

노먼 록웰, 〈결핍으로부터의 자유〉,
1941~1945년경

정신적으로는 큰 차이가 있었다.

현대는 분명 그 이전 시대보다 더 외로운 곳이다. 문제는 그 이유가 무엇인가 하는 것이다. 냉동식품은 현대의 외로움을 상징하는 쉬운 예시지만, 이 정교하게 제작된 한 끼 식사는 우리가 느끼는 불안의 증상일 뿐 진정한 고립의 원인은 아니다. 궁극적으로 우리를 외롭게 만드는 것은 기술(도시, 자동차, 스크린)이 아니라 특정한 일련의 생각들이다. 혼자 있는 것이 비하하거나 문제시할 것도 아니고, 인격적으로 험담할 일도 아니지만, 우리는 이를 부정적으로 생각해 왔다. 외로움은 단순히 물리적으로 고립되어 있기 때문에 발생하는 것이 아니다. 외로움은 우리 문화가 홀로라는 것에 수치심을 느끼도록 부추길 때 생겨난다. 우리가 외로워진 건 외로움이 무엇을 의미하는지에 대한 특정 이야기를 자신에게 해왔기 때문이다.

우리 시대 이전 대부분의 시대에서는 고독이 비참함이나 결핍의 징표일 필요가 없다는 점을 잘 알고 있었다. 그 시절에는 홀로 있어도 명예롭고 고귀하며 진정한 것과 교감할 수 있는 방법이 있었다. 신체적 고립은 신, 책 속 인물, 음악 작품 혹은 마음속 고요한 부분과의 강력한 유대감을 동반하였다. 가족과 함께 있어도 외롭고 소외감을 느낄 수 있듯, 혼자 있어도 고립되거나 비참하다는 느낌을 받지 않았다.

초기 기독교에서 진정한 사교란 근처에 있는 아무나(혈육 내지 같이 학교에 다니는 사람)와 수다를 떠는 것이 아니었다. 그것은 우주에서 가장 만족스러운 의미의 원천에 연결됨을 의미했다. 그러기 위해서는 숲속 오두막이나 절벽 위의 탑 같은 아주 외딴 곳에서 혼자 지내면서 신과 그의 사랑과 지혜에 교감하는 방법을 배워야 했다. 동굴에서 성경만을 벗하여 성경의 이론들에 대해 생각하며 시간을 보낸다면, 분주하지만 영적으로는 공허한 가정에서보다 덜 고립된 느낌을 받을 수 있었다. 4세기경 초기 기독교의 가장 위대한 성인인 성 안토니우스는 이집트 서부 사막에서 40년 이상을 혼자 말 한마디 없이 빵과 소금만을 먹으며 보냈다고 한다. 그는 '헤시카즘hesychasm'이라고 알려진 방식으로 신과 교감했는데, 헤시카즘이란 오랜 시간 동안 자신의 모든 것을, 심지어 호흡마저 고요히 가라앉힘으로써 하느님의 헤아릴 수 없는 신비에 접근하고자 하는 명상 기도법이다. 어떤 이들은 성 안토니우스의 삶에 감명받아 사막에서 그와 함께하였다. 그들은 근처 동굴에서 야영하며 수염과 머리카락을 기르고 자신들의 생각과 환영을 기록했다. 이들은 '사막의 교부'라 불렸는데, 그들의 고행과 고독에 대한 경건한 철학은 수도원의 설립으로 이어졌다. 이 수도원은 이후 수 세기 동안 고독한 신앙생활을 형식화하고 규범화하는 기관으로 발전했다. 수도원 제도가 절정에 이르렀던 중세에는 유럽과 북아프리카 전역에 걸쳐 수백만에 달하는 사람들이 가족과 사회적 생활의 번잡함을 버리고 세상에서 가장 험준하고 외진 땅에서 영성의 아름다움을 묵상하기 위해 수도 생활을 선택했다.

하지만 종교개혁과 그에 따른 수도원 파괴의 여파로, 경건한 생활은 종래의 명성을 잃고 실용적인 선택사항으로 물러났다. 이전에 산꼭대기에서 홀로 살던 사람들은 이제 공동체에 남아 알맞은 배우자를 찾고 가정을 꾸리면서 신에게 봉사하라는 권고를 받았다. 홀로 산다는 건 이기주의에 빠지거나 신앙생활에 지나치게 열성적인 증거로 인식되었다.

이 새로운 사회적 종교 관점에 낭만주의의 영향이 더해졌다. 낭만주의 역시 비록 목적은 달랐지만 혼자만의 삶에 대한 헌신을 포기하기를 권하고 고독의 명예에 의문을 제기한다는 점에서 비슷한 사상 조류였다. 낭만주의자들에게 행복이란 자신의 독립성을 포기하고 몸과 마음을 결합할 수 있는 특별한 영혼의 단짝을 찾는 데 있었다. 진정한 연인이 곁에 있다면 슬픔이나 혼란을 느낄 일이 더는 없을 터였다. 이를 통해 마침내 삶의 목적을 이해하고 집에 돌아온 듯한 안정감을 얻을 수 있었다.

히에로니무스 보스,
〈성 안토니우스의 유혹〉,
1450~1516년경

낭만주의자들은 연인의 모습을 감동적으로 그려냈고, 그들의 예술성과 자신들의 실제 삶을 통해 현대 세계를 설득했다. 하지만 그 과정에서 낭만주의 운동은 홀로 산다는 것의 의미에 대한 우리의 평가에 치명적인 영향을 끼쳤다. 낭만주의는 고독을 존경할 만한 심오한 선택에서 병적 성향의 증거로 바꾸어놓았다. 낭만주의의 시각에서 보면, 사람이 혼자 살기를 택한다는 건 정서적으로 병들었거나 성적 도착이 있지 않은 이상 다른 이유가 있을 수 없었다. 낭만주의 철학자이자 네 번이나 결혼한 버트런드 러셀은 "서로 주고받는 행복한 사랑을 기반으로 한 강렬한 동반자 관계와 깊은 친밀감을 경험하지 못한 사람은 인생이 주는 최고의 선물을 놓친 셈"이라고 말했다. 이는 격려처럼 들리지만 실제로는 홀로 사는 사람들에게 위협으로 작용할 수 있는 말이기도 하다.

낭만주의는 결혼 생활을 대변하는 선전전을 성공적으로 수행함으로써, 홀로 사는 사람들이 자신의 선량함과 건전함을 의심하게 만들었으며, 결국 니트리아 사막에서 반세기 동안 침묵의 수행을 한 사막 교부 이상으로 커다란 고립감을 느끼도록 못 박아버렸다. 낭만주의자들은 순진무구한 모습으로 사랑하는 연인과 그들이 느끼는 기쁨에 관한 이야기를 찔끔찔끔 흘렸다. 기독교와 마찬가지로 낭만주의도 나름의 성인과 성스러운 인물, 서사시, 경전을 가지고 있다. 낭만주의자들은 애비게일 애덤스와 그녀의 남편이자 미국의 2대 대통령인 존 애덤스의 포근하고 사랑스러운 관계를 결혼 생활의 본보기로(대통령이 되는 것만큼이나 드물고 대표적인 일이었지만, 마치 매력적인 동화처럼) 제시하였다.

이 부부는 거의 54년을 해로했고, 떨어져 있을 때는 하루에 다섯 번씩 서로에게 편지를 썼다(두 사람이 주고받은 서신은 1,160통에 달했다). 정치와 종교에 대한 생각에서부터 수프, 장갑, 좋아하는 노래에 이르기까지 서로에 대한 모든 것을 알았다. 1818년 임종 자리에서 애비게일은 남편에게 다음과 같이 말했다고 전해진다. "슬퍼 말아요, 나의 친구, 나의 가장 사랑하는 친구. 나는 떠날 준비가 됐어요. 존, 당신도 오래 걸리지 않을 거예요." (실제로는 8년이 걸렸다.) 이 이야기는 선한 사람들은 이번 생뿐 아니라 다음 생에서도 부부가 되리라는 점을 암시했는데, 이러한 주장은 19세기에 부부를 납골당에 같이 안치하는 관습이 생겨나면서 더욱 강화되었다. 독신의 삶은 더 이상 산 자에게, 어찌 보면 죽은 자에게도 적절한 선택이 아니었다.

낭만주의는 혼자 사는 사람들을 별종처럼 느끼도록 만들었을 뿐만 아니라 극도의 만족감을 느끼지는 못하는 커플들에게도 큰 압박을 가했다. 조용히 그럭저럭 살아가며 이상에 미치지 못하는 일상을 애써 품위 있게 참아내던 사람들은 낭만주의로 인해 그 어느 때보다 외롭고 저주받은 기분이 들었다. 역사상 대부분의 시기에는 부부가 아주 만족스럽게 살아가리라 기대하지 않았다. 그만큼 인내와 타협은 진정한 성취로 칭송받았다. 수십 년 후에 배우자를 대놓고 경멸하지만 않아도 무척 잘해 나가는 것이었다. 하지만 낭만주의가 불러일으킨 새로운 영향 아래에서는 영구적인 황홀한 기쁨을 제외한 것들은 모두 존재의 기본적인 규칙을 위반하는 듯 보였다. 상대를 그냥 견뎌내는 것은 바람직하지 않았다. 모든 면을 고려했을 때 상대가 그다지 나쁘지 않다는 이유로, 결혼이 편리하다는 이유로, 표정이 상냥하고 때때로 곰살궂게 군다는 이유로 누군가에게 안착하는 것은 서기 325년 니케아에서 열린 제1차 공의회에서 초기 기독교인들이 규탄한 이단만큼이나 심각한 문제였다.

19세기 낭만주의 화가이자 행복한 결혼 생활을 공개적으로 과시했던 윌리엄 퀼러 오차드슨이 1883년에 그린 풍자적인 작품 〈편의상 이루어진 결혼〉에는 어떠한 타협도 용납하지 않는 그의 비판적 입장이 전형적으로 표현되어 있다. 저녁 식사 자리에서 배우자가 좀 따분하고 대화하기 어렵다고 느껴지는 것은 (설사 자신이 집사의 시중과 편안한 식당, 같이 아이를 키우는 것을 좋아한다 하더라도) 좋은 관계에서 얼마든지 이해할 수 있고, 다른 모든 것을 감안할 때

윌리엄 퀼러 오차드슨,
〈편의상 이루어진 결혼〉,
1883년

충분히 있을 수 있는 일이 절대 아니었다. 그것은 애처로운 비극이었다.

낭만주의는 인류를 이중의 곤경에 빠뜨렸다. 낭만주의는 독신이 심리적으로 불가능한 것이라는 틀을 씌움으로써 청혼을 승낙하도록 부추겼는데, 때로는 거절하는 게 더 현명했을 청혼의 경우에도 마찬가지였다. 동시에 모든 번듯한 관계에서는 지속적인 매력과 행복이 존재하는 게 당연한 것이라고 암시함으로써 대부분의 연인들로 하여금 자기들이 심각하게 잘못하고 있다고 느끼도록 만들었다.

제1차 세계대전 이후 영국에서는 긴장이 최고조에 달했다. 교전에서 막대한 인명 손실이 발생한 이후 시행된 인구조사 결과 여성이 남성보다 175만 명 더 많다는 사실이 밝혀졌다. 신문은 우려 섞인 목소리로 '200만의 잉여 여성'에 대해 논했다. 결혼하는 쪽이건 하지 않는 쪽이건 그로 인해 주어지는 기회와 슬픔은 어느 모로 보나 동등하다는 인식 같은 건 전혀 없었다. 결혼과 미혼 중 어느 진영을 택하건 외로울 수 있으며, 따라서 미혼으로 사는 편이 때로는 더 나을 수 있다는 사실도 인정하지 않았다. 이후 '전쟁 노처녀'들은 조롱과 동정이 뒤섞인 대접을 받았다. 영국의 독신 여성들이 고향에서의 고독한 삶에서 벗어나 대영제국의 먼 지역으로 떠날 수 있도록 해외 이민 위원회가 설립되었다. 그 후 한 세대 동안 '노처녀'나 '처녀 아주머니'는 비웃음과 연민의 대상이 되었다. 남편 없이 힘든 삶을 견뎌낸다는 것은 상상조차 할 수 없는 일처럼 보였다.

비틀스가 1966년 발표한 '엘리너 릭비'는 현대 시대의 외로움이 무엇인지 정의한 곡으로, 엘리너가 왜 가여운 인물인지 명확히 드러나 있다. 그녀가 문 옆에 놓아둔 단지에 보관한 그 유명한 얼굴*은 세상 모든 독신자들과 마찬가지로 엘리너가 오래도록 간절히 찾고 싶었을 매력적인 배우자를 위한 것이었다. 낭만적인 사랑 없이는 어엿한 인생을 살 수 없다는 것이 이 노래를 비롯해 비틀스의 모든 노래, 그리고 모든 대중가요의 메시지 중 하나였다. 낭만주의의 경고에 따르면, 사랑에 완전히 빠지지 못하면 머지않아 '엘리너 릭비처럼' 결혼식이 끝난 교회에서 쌀이나 줍는 신세가 될 것이다. 아니면 엘리너를 능가할 정도로 이상한, 한때 사막 교부의 일원으로서 누렸던 강렬한 매혹은 거의 남아 있지 않은 맥켄지 신부가 되고 말 터였다.** 현대 세계는 짝을 찾는 것이 의무일 뿐 아니라 친구들과 모임을 하고 정기적으로 파티에서 만나 즐기는 것이 필수적인 듯 여기게 했다. 전기 조명, 레스토랑, 댄스홀, 술집 등이 발전하면서 대규모 사교의 기회도 늘어났다. 이제 주말은 외출에 새로이 바쳐졌으며, 특히 토요일 저녁이 다가올수록 이 즐거움으로 가득한 도시에서 특별히 갈 곳이 없다는 사실을 깨닫게 되면 이상한 불안이 자라나기 시작했다. 아무 일정도 적혀 있지 않은 수첩은 인격적 결함의 상징이 되었다.

•
'엘리너 릭비'의 다음 가사를 가리키는 말이다. '창가에서 기다리네 / 문 옆에 놓아둔 단지에 들어 있던 얼굴을 쓰고서 / 그 얼굴은 누구를 위한 걸까?(Waits at the window/ Wearing the face that she keeps in a jar by the door/ Who is it for?)'

••
비틀스의 '엘리너 릭비'는 결혼식이 끝난 교회에서 쌀이나 줍는 '노처녀' 엘리너 릭비가 평생 짝을 그리워하다 외로이 죽지만 아무도 그녀의 무덤을 찾지 않고, 아무도 듣지 않는 설교를 쓰는 맥켄지 신부만이 무덤을 돌며 흙을 턴다는 내용의 노래다.

신문은 다른 이들의 사교 활동에 관한 기사로 넘쳐난다. 사람들은 엘리자베스 테일러의 마흔 번째 생일에 누가 참석했는지, 마리 엘렌 드 로쉴드가 주최한 프루스트 축제에 어떤 음식이 나왔는지, 메트 갈라 참석자들의 의상 중 가장 아름다운 드레스는 무엇이었는지, 발렌티노 가라바니가 '화이트 페어리 테일 러브 파티'의 좌석 배치를 어떻게 했는지 다 알 수 있었다. 하지만 그보다 더 중요한 점은 존경받기 위해서는 나가 놀아야 하고, 집에 앉아 책을 읽는 건 전혀 멋진 일이 아니며, 수첩에다 자기 생각을 꼼꼼히 정리하거나 뜨끈한 욕조에서 어린 시절의 기억을 곰곰이 반추하는 일에는 아무런 가치가 없다는 관념을 계속 주입받고 있었다는 사실이다. 공동체의 이상을 실현하기 위한 특이한 방법일 수 있다는 걸 인정하지 않은 채, 실패나 솔직함을 두려워하는 사람들이 불안에 휩싸인 채 모여 있는 곳에서 누군가 건네는 안부 인사에 그저 "아주 좋죠! 그쪽은요?"라는 대답밖에 할 수 없게 만들었다.

1921년, 정신분석학자 칼 융은 자신의 저서 『심리 유형Psychological Types』에서 '외향적'과 '내향적'이라는 용어를 도입하여 인류를 나누었다. 전자는 다른 사람들과 함께 어울릴 때 자신의 잠재력을 가장 잘 실현할 수 있는 사람을 가리킨다. 후자는 자신의 온전함을 되찾기 위해서는 군중과 한가로운 수다에서 벗어나야 하는 사람이다. 융은 "누구나 양쪽 심리 기제를 다 가지고 있다"라고 썼지만, 시대의 정신이 어디에 머무는지는 명백했다. 현대 사회는 외향적인 사람들이 확고하게 차지하는 곳이며, 반면 내향적인 사람들은 자신들이 즐기는 행동, 즉 혼자 있는 것을 무슨 질병이라도 되는 양 느끼며 집에 들어앉아 있다. 억지로 외출하거나 완벽한 연인을 찾으라는 격려를 더 많이 받는다고 외로움을 덜 수 있는 건 아니다. 대신 사회가 고독의 의미에 관한 이야기를 바꾸어야 한다. 고독이라고 하면 떠오르도록 주입받은 연상을 실패와 괴짜다움에서 깊이와 안목으로 바꿔야 한다. 시끄러운 방에서 사람들과 수다 떨고 싶지 않은 마음, 혼자 간단히 식사하고픈 마음,

종이 한 장만 놓고 혼자 앉아 있고 싶은 마음, 자연 속에서 산책하고 싶은 마음은 광기의 징후가 아니라 복잡하고 보람 있는 내면을 소유하고 있다는 증거다.

현대 시대의 몇몇 예술가들은 확신에 찬 목소리로 내향성에 대한 자신의 주장을 펼치며, 고독에 황홀한 매력을 부여하고자 노력했다. 19세기 독일 화가 카스파르 다비트 프리드리히의 그림을 보면, 우리는 풍경 속에 외로이 서 있는 인물이 무법자나 산적이 아니라 저 아래쪽 세상의 군중 속에서는 사라진 통찰력을 보유한 사람이라는 사실을 믿게 된다. 그는 산을 여행하며 인간의 허장성세와 시기심을 관조한다. 이 방랑자는 혼자서 자신의 가장 중요한 부분을 탐구할 것이다. 우리 또한 담대하게 그의 궤적을 따라갈 수 있을지 모른다.

피버스 레빈,
〈크리몬느 가든의 무도장〉,
1864년

카스파르 다비트
프리드리히,
〈산속 호수의 아침 풍경〉,
1823~1825년경

프랑스 화가 장바티스트카미유 코로의 작품에서 고독은 함께 어울릴 사람을 대신하는 대안이 아니다. 만찬 자리에서 외면당하거나 전장에서 전사한 예비 남편 대신 기댈 수 있는 선택도 아니다. 고독은 온갖 소란스러운 인사, 별의별 피상적인 대화, 그리고 모든 무신경한 만남에서 벗어남으로써 고통스러운 단절을 회피할 수 있는 낙원이다. 우리는 이를 거부하는 것을 자랑스러워해야 한다.

웨일스 화가 그웬 존이 그린 초상화 속 젊은 여성은 어떤 공식적 종교에도 소속되지 않은 듯 보인다. 하지만 만약 고독을 음미하는 일에 전념하는 종교가 있다면, 그림 속 그녀는 그 종교의 상징이 될 것이다. 다정하고, 온화하며, 울적하면서도, 심원한 생각에 빠진 듯한 그녀의 표정은 현대가 활동적이고 활발한 삶을 장려하

면서 소홀히 한 것들을 대변하는 선전물 같다.

사진작가 한나 스타키의 식당 사진 속 인물은 그웬 존의 그림과는 80년이나 떨어져 있지만 그의 작품처럼 고립에 대해 설득력 있는 주장을 펼치는 듯 보인다. 사진의 배경은 황량할지 모르나 사진 자체는 그렇지 않다. 이 사진은 우리가 겪었던 고독의 경험을 기억나게 하고, 더 확고히 붙들 수 있도록 해준다. 혼자 있는 것이 어떤 형태의 처벌이 아니라 슬픔을 삭이고, 스스로를 다잡으며, 시끌벅적한 열정과 감상적인 분위기에 동참하라고 부르짖는 세상에서 벗어날 기회임을 의미한다. 어쩌면 카메라 렌즈의 범위 밖에는 카페에 혼자 앉아 치즈 샌드위치를 먹거나 콜라를 마시며 사진 속 인물과 비슷하게 상념에 잠긴 채 사회와 거리를 두고 있는 다른 사람들이 있을지도 모른다. 그들의 고립은 한 사

장바티스트카미유 코로, 〈고독, 리무쟁의 비장 지역에 대한 추억〉, 1866년

그웬 존,
〈검은 고양이를 안고 있는 젊은 여성〉,
1920~1925년경

람이 오롯이 혼자 있다는 압박감을 완화시키는 긍정적인 효과가 있다. 고립은 저주 같은 부정적인 것이 아니며, 오히려 선한 이들이 종종 처하게 되는 상태이다.

우리는 고독을 다룬 위대한 예술 작품 속 인물들의 후손이자 영혼의 쌍둥이라는 자부심을 품어야 한다. 우리가 고독한 이유는 우리에게 문제가 있는 것이 아니라 오히려 우리가 고귀한 정신을 갖고 있으며 사교성에 대한 이상이 높기 때문이라는 걸 믿어야 한다. 우리는 사람들을 싫어하는 게 아니다. 그저 현재 공동체가 제공하는 허울뿐인 증표를 받기보다는 차라리 집에 있는 걸 선호할 뿐이다.

사람들이 외로움을 덜 느끼게 하는 방법은 숲이나 식당, 도서관, 혹은 사막에서 사색에 잠겨 있는 사람들을 억지로 끌어내 볼링을 치러 가자고 하는 것이 아니다. 오히려 혼자 있는 것이 실패의 표시가 아니라고 안심시키는 것이다. 현대에 벌어진 외로움의 위기를 완화하기 위해서는 고독을 원위치로 되돌리고 독신 생활의 품격을 되찾아 주어야 한다. 혼자 식사한다고 문제 될 것은 없다. 스완슨사의 'TV 디너'는 개선의 여지가 있었겠지만, 가짜 미소와 억압적인 선입견으로 둘러싸인 연회장에 있는 것보다는 평화롭게 소박한 식사를 하는 편이 훨씬 더 나은 선택이었다. 그런 식사를 할 때 우리는 절대 혼자가 아니다. 현대는 우리에게 그 점을 상기시켜 주지 못했지만, 사실 우리는 지금껏 존재했던 이들 중 가장 고상하고 세련된 영혼들과 함께 식사하는 것이다. 겉으로 보기에 혼자일 뿐, 실은 최고의 사람들과 어울리고 있다.

한나 스타키,
〈무제, 1998년 10월〉, 1998년

10

일   **Work**

대부분의 역사에서 일은 지속적인 성찰의 대상이 아니었다. 단순하고, 피할 수 없으며, 불쾌해 보였기 때문이다. 노동의 초점은 주로 기본적인 의식주 제공에 맞춰져 있었으며, 자극이나 정신적 보상은 거의 없었다. 기껏해야 뼈 빠지게 고되고 절망적인 저주라고 표현될 뿐이었다.

현대는 희망차게 시작되었는데, 18세기에 접어들며 일거리가 다양해졌다. 어떤 직업은 성장하여 번창했으며, 또 어떤 직업은 덜 힘들어졌다. 인간은 한 걸음 물러서서 자문하기 시작했다. 일은 어떤 식으로 조직되고, 무엇을 위한 것이며, 미래에는 어떻게 될 것인가? 새로운 자의식과 호기심이 싹텄다. 인간의 모든 지식을 집대성하고자 1751년에 착수하여 1772년까지 총 서른두 권이 출간된 프랑스의 『백과전서 Encyclopédie』는 전체 항목의 3분의 1을 노동에 할애했다. 『백과전서』는 우아한 법의학적 삽화의 도움에 힘입어 수백 가지의 직업을 이례적으로 깊이 있게 서술했다. 책에는 파이프오르간 제작, 선반 작업, 제빵과 설탕 정제, 제지 및 제본, 무두질 및 비누 제조, 광산업과 야금술, 도자기 및 도기 제조에 대한 방대한 항목이 수록되었다.

각각의 항목에는 어린아이 같은 매력이 있었다. 인류는 노동이 아름다울 만큼 전문적이면서도 숙련된 활동이라는 사실에 눈을 뜨기 시작했다. 안장 하나를 만드는 데 필요한 마흔 가지 각기 다른 도구를 다루는 법을 정확히 이해하는 노동자들이 있었다. 침

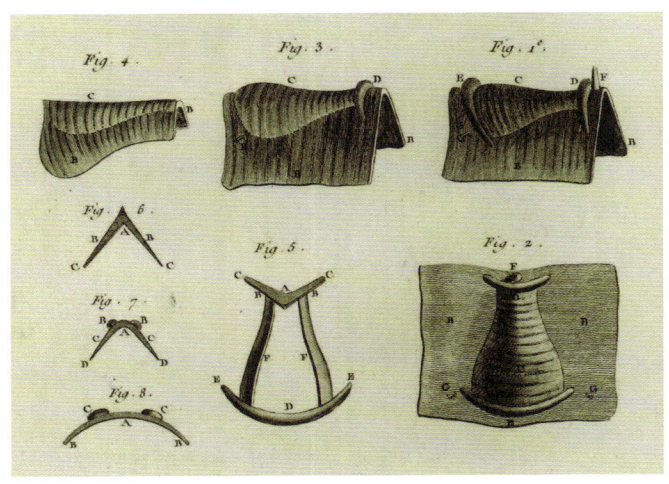

대와 같은 일상적인 물건조차도 고도의 훈련과 경험을 요하는 복잡한 기술의 결과로 만들어졌다. 그뤼예르 치즈의 생산 과정은 그 어떤 소설보다도 흥미로웠다.

200여 년 후, 미국 사진작가 빌 오언스는 『백과전서』에 비견할 만한 탐구 정신으로 남부 캘리포니아를 돌아다니며 다양한 사람들이 일하는 모습을 촬영한 다음, 그들의 초상화와 자기 일에 대한 그들의 생각을 결합했다. 그리 위풍당당한 어조는 아니었으나——우리가 하는 일의 대부분은 사소하고, 진부하며, 드높은 야망과는 단절되어 있으니—우리의 노동이 요구하는 희생과 헌신에서 느껴지는 매력이 『백과전서』만큼이나 잘 담겨 있었다.

현대 사회를 사는 우리는 우리가 직장에서 차지하는 위치에 대해서는 잘 이해하고 있다. 하지만 일이란 무엇이며, 일의 올바른 목표란 무엇인가에 대한 질문과는 여전히 씨름하고 있다. 우리는 여전히 일의 철학을 찾고 있다. 이렇게 논의를 시작해 볼 수도 있겠다. 우리가 '일'이라 부르는 것은 자연이 알아서 제공해 주지 않거나 자연에서 쉽게 얻을 수 없는 것들을 보완하고자 기울이는

『백과전서 또는 문인협회에 의한 과학, 기술, 공예에 관한 합리적 사전』 9권에 수록된 도판, 1762~1772년

노력의 총합이다. 우리는 자연이 직접 관장하지 않는 특정한 고통과 쾌락을 각각 줄이고 늘리고자 노동한다. 일의 역사는 삶을 보다 견딜 만하게 만들고자 고안한 기술과 과정의 기록으로 점철되어 있다. 자연이 나무와 덤불에 충분한 식량을 제공하지 않았기에 씨앗을 심기 시작했고, 자연 상태에서 우리를 추위에 떨게 방치했기에 바느질을 시작했다. 인간은 자연에서 실패를 겪을 때마다 도구를 발명하려 애썼다. 모든 도구는 우리의 필요로 만들어졌으며, 무심한 환경에 대한 우리의 지배력을 확장하기 위한 수단이다. 도구라는 단어를 들으면 특정 종류의 물체가 떠오르기 마련이다. 두 손을 둥글게 모으는 것만으로는 물을 충분히 담을 수 없었기 때문에 양동이를 고안했고, 주먹으로는 돌을 부술 힘이 충분치 않았기에 망치를 발명했다.

하지만 도구를 자연이 우리에게 특정한 방식으로 세상에 작용할 수 있는 힘을 주지 않았기 때문에 만들어낸 것이라고 정의할 경우, 우리가 도구라는 용어와 연결 지어 생각하는 단순한 기계적 물체보다 훨씬 더 많은 것들이 도구에 해당한다. 책은 수많은 생각을 머릿속에 담아두지 못하는 우리의 능력을 보완하는 도구이고, 그림은 밤하늘이나 해 질 녘 구름 아래 펼쳐지는 아름다운 광경을 보존하는 도구이다. 휴가는 외국의 기후나 문화와 관련된 일련의 만족을 조직하는 도구이며, 종교는 그것이 없었더라면 우리의 우유부단한 마음에서 사라졌을지도 모를 도덕과 위안에 대한 특정 생각을 강조하는 도구이다. '문명'은 자연 상태에서 우리가 겪은 가혹함, 괴로움, 불편함에 대응하기 위해 지금껏 고안한 모든 것들을 요약하는 말이다.

인간은 수 세기에 걸쳐 점점 더 미묘하고 복잡해지는 욕구를 해결하고자 점점 더 복잡한 기능을 포괄하는 도구를 발명하는 법을 배워왔다. 생존이라는 단순한 측면을 해결하기 위한 도구를 개발하는 것에서부터 시작하여 번영을 위한 열망을 해결하고 처리하는 도구를 개발하는 데까지 이르렀다. 그 과정에서 우리는 놀라운 발견을 했다. 특정한 도구를 고안하고 작동하는 것이 즐거운 일일 수 있다는 것이다. 이는 놀라운 일이었다. 우리가 지구에서 살아온 대부분의 시간 동안 일은 전혀 재미있는 것이 아니었다. 일은 반복적이고 육체적으로 고되며 정신적으로도 자극을 주지 않았다. 그래서 일단 금전적인 사정이 허락된다면 당장 도구를 내려놓고 여가에 전념하리라는 귀족적인 가정이 늘 존재했다. 어떤 부자도 다른 이들의 필요를 해결하기 위해 계속 일하겠다는 생각은 하지 않을 것이다. 하지만 현대 사회가 시작되면서, 인류는 다른 사람들에게 유용한 일을 하면서 돈을 버는 한편, 그 일을 수행하는 사람들에게 정신적 자극과 물질적 보상을 주는 형태의 일에 대해 인식하게 되었다. 자신과 대중을 모두 기쁘게 만들 수 있었다.

만족스러운 일은 행복에 대한 통찰에서 시작된다. 훗날 기업, 직업, 직무 등으로 불리는 것들은 처음에는 그저 쾌락을 증대시키거나 고통을 감소시키는 아이디어에 불과했다. 이제는 다른 사람들이 함께 누리면 좋겠다 싶은 것, 또는 삶에서 제거하고 싶은 마찰이나 불편함을 감지할 때 일을 향한 긴 여정에 착수한다. 예를 들면 특정 종류의 오일과 레몬으로 만든 샌드위치가 얼마나 흥미로운 맛을 내는지 알아차린다. 나이 든 사람과 나이 어린 사람이 같이 시간을 보내는 것이 고무적이라는 사실을 깨닫고 어떻게 하면 더 자주 모일 수 있는지 궁리하기도 한다. 옷단이 무릎 위 특정 높이에 걸려 있을 때 특히 더 매혹적이라는 사실에 주목하기도 한다. 또한 행복의 통찰은 이전에는 따로 떨어져 있던 시도를 하나로 결합하면 어떨까 하는 생각을 떠올릴 때 시작되기도 한다. 이를테면 섬세한 고음을 합창 미사곡 길이의 음악 안에 육중한 베이스음과 결합할 수도 있다. 노르웨이에서 양모를 처리하는 방식이 이탈리아 북부에서 금속을 다루는 방식과 한 쌍을 이룰 수도 있다. 이미 존재하기는 하지만 상대적으로 개발이 덜 된 형태의 행복을 더 깊이 탐구하는 일에 도전할 수도 있다. 코미디언의 일상생활이 과학의 주요 아이디어를 설명할 수 있다면 새로운 수준으로 도약할 수도 있다. 혹은 우리를 지치게 하는 장애물들, 예를 들면 양식을 완성하는 데는 왜 그렇게 긴 시간이 걸리며, 어째서 이 시스템에서는 부품을 자동으로 재주문할 수 없는지, 기계에 잔여물이 남지 않도록 조정할 방법은 정녕 없는지 같은 문제들에 대해 깊이 생각할 수도 있다.

우리가 찾아낸 그간 주목받지 못했던 쾌락은 무척이나 개인적인, 겉으로 보기에는 거의 알려지지 않은 것일 수도 있다. 그러한 쾌락이 다른 이들에게도 중요한 문제일 수 있으며, 우리의 은밀한 만족과 좌절이 낯선 이들의 내면에서도 동등한 가치를 가질 수 있을지 모른다고 상상하는 데에는 용기가 필요하다. 자기 일에서 성공하기 위해서는 대중의 삶을 지적으로 추측할 수 있는 능력이 필요하다. 미국의 철학자 랄프 왈도 에머슨은 다음과 같이 썼다. "천재의 머릿속에는 우리가 간과한 생각들이 들어 있다." 이에 더하여 통찰력 있는 사업에서는 우리가 간과했던 쾌락과 고통이 진지하게 다루어진다. 사업가들은 우리보다 우리를 더 잘 알고 있으며, 우리가 이익이라 일컫는 것은 인간 본성의 한 측면을 이해하여 경쟁에서 앞선 데 대한 보상이다.

그렇지만 행복에 대한 통찰은 아직 '일'이 아니다. 일은 통찰력을 안정적이고, 이름 붙일 수 있으며, 재생산이 가능하고, 궁극적으로 거래 가능한 것으로 바꾸는 데 필요한 모든 것을 가리킨다. 햇볕에 노출된 특정 종류의 산딸기류 열매를 잼이라는 도구로, 특정한 화음을 노래라는 도구로, 일련의 사상들을 대학 강좌라는 도구로 바꾸는 데 필요한 모든 것이다. 모든 편리함은 '노력을 들여야' 한다. 농사를 짓고, 가지를 치고, 경작을 하고, 조립공정에 배치해야 한다.

모든 일을 도구 제작이라는 문제로 생각할 경우, 예술과 상업 사이의 경계가 모호해진다.

클로드 모네,
〈에트르타, 해변과 포흐트 다발〉,
1883년

1860년경 프랑스 에트르타
앙글레테르 호텔.

1880년대, 외지고 험준한 해안 지역인 노르망디에 인상주의 화가 클로드 모네가 방문했다. 그는 에트르타라는 마을 근처의 절벽에 특히 매혹되었다.

현지 주민들과 드물게 찾아오는 한두 명의 방문객들은 모래 위로 고기잡이배를 끌어올리거나 요오드가 풍부한 해초를 캐는 동안 이곳이 참 매력적인 장소라고 생각했을 것이다. 모네가 다른 사람들과 뚜렷이 달랐던 점은 자신의 쾌락을 확고한 기반 위에 놓고자 했다는 데 있다. 그는 여러 군데의 명당에 자리를 잡고 앉아 부서지는 파도에서 튀어 오른 반사광으로부터 적확한 빛이 나타날 때까지 기다렸다. 그런 다음 오늘날 우리가 '인상주의 회화'라 부르는 일련의 도구들을 사용해 자신의 쾌락을 붙잡아 고정하고 더 구체적으로 표현하려고 노력했다.

하지만 쾌락과 고통에 매우 민감한 감수성은 예술가라 일컫는 사람들만의 전유물이 아니다. 기업가들은 노르망디 절벽의 아름다움을 포착할 수 있는 또 다른 방법을 개척했는데, 이들은 파리 은행에서 대출을 받아 절벽의 전망을 감상할 수 있는 인상적인 고정식 도구를 건설했다. 바로 대형 유리창, 종업원, 발코니가 완비된, 일명 '호텔'이라 부르는 시설이다.

대부분의 도구는 본질적으로 혼자서 만들 수 없다. 다양한 나이, 성격, 체격, 능력을 가진 사람들이 하나의 목표를 위해 뭉치는 것을 보면 일이라는 것이 감동으로 다가온다. 예를 들면 우락부락한 작업부, 뚱한 회계사, 유쾌한 강사, 침착한 마케팅 담당자, 엄격한 정부 감독관과 괴팍한 요리사가 함께 모여 학교 또는 유치원이라는 도구를 만드는 경우다. 잘 다투고, 교활하며, 개인주의적일 수 있는 인간 본성을 고려한다면, 단일한 목표를 위해 서로의 차이를 극복하는 모습은 구원에 가까운 느낌을 안겨준다. 각각의 개인을 따로 놓고 보면 그다지 인상적이지 않을지 모르나, 공동으로 참여하는 위대한 사업에서는 뛰어난 능력을 발휘할 수 있다. 비천하기 그지없는 석공이 대성당을 통해 숭고한 존재의 종복으로 탈바꿈하기도 하는 것이다.

또한 일은 평소 자기 자신으로서 살아가는 데 따르는 어려움에서 벗어날 기회를 제공한다. 일은 '전문적'이어야 한다는 요구사항을 부과하는데, 이러한 요구는 어찌 보면 거짓되고 기만적으로 들릴지 모른다. 하지만 내면의 복잡한 어려움을 극복하는 데 긍정적인 대안이 될 수도 있다. 몇 시간이나마 일을 통해 내면의 의심과 고뇌를 제쳐두고 보다 단순하고 일차원적이지만 결단력 있고 논리적인 삶의 방식을 경험할 수 있다. 자신의 온갖 기분에 대해 여과 없이 다 반응해야 한다고 느끼지 않아도 되는 '전문적' 분위기를 만끽할 수 있다. 감정이 요동치는 주말을 보낸 후, 보다 단순 명쾌한 이미지로 돌아갈 수 있는 월요일 아침이 반가울지 모른다.

우리는 일을 통해 자신의 가장 값진 부분들, 즉 가장 창의적이고, 이성적이며, 친절하고, 통찰력 있는 부분들을 우리보다 더 안정적이고 뛰어난 대상이나 도구에 최고의 상태로 맡겨놓을 수 있다. 우리는 우유부단하고, 비딱하고, 의심에 빠지고, 한심하게 굴 수도 있지만, 운이 좋다면 우리가 만든 도구는 우리의 약점을 드러내지 않을 것이다. 좋은 도구는 제작자의 결점이 전혀 드러나지 않는다. 좋은 제품이란 그것을 만든 사람들보다 더 나아야 하며, 쉽게 망가지지 않아야 한다. 우리의 삶은 끝날지라도 제품은 남아 계속해서 다른 사람들에게 기쁨을 주거나 고통을 줄여줄 것이다. 일은 엔트로피와 소멸의 힘에 맞서 일종의 승리를 쟁취한다고 할 수 있다.

그럼에도 우리의 번영에 도움이 되는 일을 찾는 것을 가로막는 요소는 참으로 많다. 우리는 이 세상에 무엇이 부족한지 생각하거나 행복의 본질에 대한 통찰력을 좇아갈 용기가 없을지 모른다. 봉건적 사고방식에 빠져, 특정한 사람만이 자기 비전을 실현할 수 있으며, 평범한 이들은 그럴 수 없다고 제멋대로의 규칙을 적용할지도 모른다. 고단하고 순종적이었던 어린 시절이 체념을 가르쳤을지도 모른다. 아무 계획 없이 생존에 대한 두려움이 커지다 보면 당황하여 허둥지둥하다가 다른 사람의 계획에 휘말려 정작 자기 본연의 사명을 잃을 수도 있다.

교육 제도는 도움이 되지 않는다. 오랜 시간 동안 다양한 기술에 대한 교육을 받았지만, 삶이 실제로 더디에 이를지, 일이란 궁극적으로 무엇인지 등 전체적인 관점에 대해서는 배우지 못했다. 특히 무엇에 관심이 있는지, 그리고 그것을 어떻게 세상에서 실현할 수 있는지 파악하는 데 도움이 되는 교육을 받지 못했다. 우리에게는 유용한 일에 대한 상세한 설명과, 아직 훈련받지 않은 채 희미한 상태로 머물러 있는 열정의 신호를 결합할 적절한 진로 상담 서비스가 부족하다. 세상의 요구와 우리의 적성이 연결되는 비옥한 지대를 탐색하고 우리 내면에 잠든 재능의 불꽃을 비춤으로써, 언젠가 가치 있는 도구를 만드는 데 공헌하고 후회 없이 죽을 수 있도록 도와줄 수 있는 공공의 서비스가 절실히 필요하다.

일이라는 영역에서 현대가 처한 괴로움은, 여타의 많은 분야와 마찬가지로, 기대를 어떻게 충족시킬지는 배우지 못한 채 기대감만 높다는 것이다. 우리는 기대와 현실 사이에 놓인 고통스러운 중간 지대에 자신을 목표 없이 방치했다. 더 이상 조상들처럼 고된 노동을 할 필요가 없다. 우리에게는 타인의 괴로움을 줄이고 기쁨을 높이면서도 우리 자신을 구원할 수 있는 도구를 발견할 권리가 있다.

11

개인주의　　　　　　　　　Individualism

세계가 현대적으로 변한 시점은 사람들이 처음 만났을 때 늘 그랬던 것처럼 고향이 어디인지 묻는 대신 직업이 무엇인지 묻기 시작한 때다.

출신 지역으로 사람의 위치를 정하려는 것은 개인의 정체성이 주로 지리적 공동체의 구성원으로 형성된다고 가정하는 것이다. 누구는 호숫가 옆 소도시 출신이고, 또 누구는 숲과 강어귀 사이 마을 출신이다. 하지만 직업을 알고 싶다는 것은 우리가 선택한 직종과 남과 구별되는 돈 버는 방식을 통해 온전한 자신이 되며, 우리가 하는 일이 곧 우리 자신이라는 뜻이다.

이 차이는 사소해 보이지만 우리가 어떻게 평가받을지, 그리고 그 결과 우리가 얼마나 고통을 느낄지에 큰 영향을 미친다. 우리는 자신의 출신에 대해 책임지지 않는다. 우주가 우리를 그곳에 내려놓았으니 머무른 게 아니겠는가. 게다가 한 지역 전체를 선하거나 악하다고 보는 경우는 드물다. 거기에는 별의별 사람들이 다 살고 있을 테니 일괄적인 판단을 내리기가 어렵다. 특정 지역이나 도시 출신이라는 사실만으로 비난받는 일은 거의 없다. 하지만 우리는 일반적으로 자신이 종사하는 직업과 깊은 연관이 있다. 이를테면 치과의사나 청소부, 영화 제작자 또는 병원의 환자 이송 담당자가 되기 위해 특정 과목을 공부하고 특정 자격증을 따며 구체적인 선택을 할 것이다. 이러한 선택에는 칭찬이나 비난이 따를 수 있다.

그러니 직업이 무엇이냐는 질문은 사실 뭘 하느냐가 아니라 우리가 얼마나 가치 있는지, 더 정확히 말하자면 우리가 알 만한 가치가 있는 사람인지 아닌지 묻는 것이다. 현대 사회에서는 이 질문에 대한 정답과 오답이 있다. 오답은 난방, 음식, 휴식만큼이나 우리가 간절히 원하는 요소 중 하나를 빼앗는다. 그것은 바로 존중이다. 우리는 존엄하고 친절하게 대우받길 원한다. 우리 존재가 타인에게 중요하게 받아들여지기를, 우리의 고유함이 주목받고 칭송받길 바란다. 누군가를 무시하는 것은 그에게 상처를 줄 수 있으며, 주먹으로 때리는 것만큼이나 큰 피해를 줄 수 있다.

존중은 자기 직업에 대해 번듯한 대답을 내놓지 못하는 이들에게는 주어지지 않을 것이다. 현대 사회는 속물적이다. 속물이라는 용어는 혈통과 대궐 같은 집 따위를 강조하는 기이한 귀족 가치체계와 관련되어 있다. 하지만 본질적으로 속물근성이란 단지 인간을 판단할 때 그의 정체성 중 상대적으로 작은 부분을 취하여 그들의 전체 가치에 대해 총체적이고 확고한 결론을 내리는 것이다. 음악 속물에게 자신은 자신이 듣는 음악이며, 의상 속물에게 자신은 자신이 입은 바지와 동일하다. 현대 사회에서 활개치는 직업 속물들에게 자신의 가치란 자신의 명함에 적힌 것이다.

속물의 반대편에 있는 사람은 부모 혹은 연인이다. 이들은 우리가 뭘 하는지가 아니라 우리가 어떤 사람인지를 신경 쓴다. 하지만 대다수에게 우리 존재는 훨씬 편협한 기준에 따라 가늠된다. 우리는 시장에서 충분히 성과를 내었는지에 따라 존재한다. 존중욕구는 능력에 알맞은 지위를 통해서만 충족된다. 흔히들 현대인을 물질적이라고 비난한다. 이는 잘못된 관점이다. 우리가 재산과 연봉에 관심이 있기는 하지만, 이 관심의 기반은 '물질주의'가 아니다. 그저 특정한 물질적 재화를 소유하는 것이 우리가 마음 깊은 곳에서 갈망하는 정서적 보상을 받을 수 있는 유일한 통로가 되어버린 세상에 살고 있을 뿐이다. 우리가 추구하는 것은 물건이나 직함이 아니다. 참으로 가슴 아프게도, 우리가 추구하는

제임스 길레이,
〈유행 따라하기〉, 1794년

것은 오로지 물질적 수단을 통해서만 얻을 수 있는 '주목받는' 느낌과 '인기 있는' 느낌이다.

현대 세계는 우리가 하는 일을 알고 싶어 할 뿐 아니라, 우리가 그 일을 잘 해내지 못하는 이유 역시 가혹하게 설명한다. 현대 사회는 '능력주의'를 장려하는데, 이는 자신이 받아 마땅한 지위를 차지하기 위해 모든 사람에게 신분 상승을 할 수 있도록 허용하는 체제를 의미한다. 더 이상 전통이나 가문의 배경이 누군가의 성취를 제한해서는 안 된다. 하지만 능력주의라는 사상에는 불쾌한 독침이 달려 있다. 만약 우리가 능력과 자질이 뛰어난 사람만이 정상에 오를 자격이 있다고 믿는다면, 이것은 반대로 밑바닥으로 떨어진 사람은 밑바닥에 있는 것이 당연하다고 믿는다는 의미다. 다시 말해 능력주의를 수용하는 세상에서 직업적인 성공과 실패는 우연히 일어난 일이 아니라 진정한 가치를 보여주는 척도가 된다.

도로시아 랭,
〈이주 노동자 어머니〉, 1936년

능력주의가 항상 이렇게 결정적인 것으로 받아들여졌던 것은 아니다. 현대 이전의 사회에서는 인간사에 신의 힘이 개입한다고 믿었다. 로마 시대에 성공한 무역상이나 군인들은 상업의 신 메르쿠리우스나 전쟁의 신 마르스에게 자신들의 행운에 대한 감사를 표했다. 그들은 자신에게 일어난 일이 좋건 나쁘건 본인의 책임은 일부에 그친다는 점을 알고 있었고, 다른 사람을 평가할 때도 그 점을 기억했다. 가난한 사람들이 반드시 결함을 갖고 있거나 죄를 지었다고 볼 수는 없지만, 신이 그들을 호의적으로 봐주지 않았을 수는 있다. 하지만 우리는 신의 개입, 혹은 그보다는 덜 노골적으로 관련된 행운에 관한 생각을 버렸다. 더 이상 그저 운이 나빠서 실패했다는 이야기를 받아들이지 않는다. 세세한 이야기나 과도하게 세부적인 사실을 중시하는 것에 관심이 없다. 전기의 맨 앞만 보여주며, 더 풍부한 맥락을 담아낼 수 있는 이야기들, 이를테면 누군가가 낮은 지위로 떨어지기는 했지만 질병, 병약한 가족, 주식 시장의 붕괴나 힘든 어린 시절을 감당해야만 했다는 사연을 설명해 주는 이야기들에 대해서는 관심이 없다. 승자는 스스로 행운을 만들고, 패자는 패배를 자초한다.

저조한 성과가 특히나 가혹하게 느껴지는 건 그것을 해명할 방법도 별로 없고, 자신을 용납할 방법도 많지 않기 때문이다. 개인에게 일어나는 일은 개인의 책임이라고 가정하는 사회는 이력서와 밀접하게 관련되지 않는 변명 따위는 듣고 싶어 하지 않는다. 이러한 사회는 패자에게 자신은 존재할 가치가 없다고 느끼도록 만든다. 이로 인해 자살률이 증가한다.

과거 집단 정체성이 존재하던 시절에는 자신이 직접 하지 않은 일로도 자신에게 어느 정도 가치를 부여할 수 있었다. 훌륭한 성당이나 사원을 세운 사회에서 태어났다는 사실에 자부심을 느낄 수도 있었다. 운동 경기에서 거둔 위업 또는 문학적 재능을 상당수 축적한 도시 내지는 국가의 사람이라는 사실이 자존감을 높여 주기도 했다. 하지만 현대는 이러한 버팀목에 기대고자 하는 우리의 힘을 약화시켰다. 현대는 우리가 개인적으로 한 일, 또는 하지 않은 일에 엄격하게 결부시켰다.

이와 동시에, 개인의 성취 기회는 그 어느 때보다 커졌다. 겉으로 보기에 우리는 무엇이든 할 수 있다. 부를 쌓을 수도 있고, 정계의 정상에 오를 수도 있으며, 히트곡을 쓸 수도 있다. 야심에 한계가 있어서는 안 된다. 그럴수록 실패는 우리가 누구인지에 대한 저주스러운 평결인 양 느껴진다. 실패가 평범한 일로 보이던 시절에 실패하는 것과 성공이 보편적인 가능성처럼 느껴지는 시대에 실패하는 것은 완전히 다른 문제다.

현대의 생활 수준은 전반적으로 향상되었지만, 실패로 인한 심리적 영향은 더 견디기 어려워졌다. 현대는 우리의 정체성을 직업적인 성과보다 더 넓은 기준에 따라 판단할 수 있다는 인식을 약화시켰다. 심리적 생존을 위해서는 개인주의가 야기하는 폐쇄감에서 벗어날 방법을 찾아야 한다. 일터에서의 성공과 실패란 늘 상대적인 점수이지 결정적인 판단이 아니며, 현실에서는 그 누구도 영원한 패자 혹은 승자로 남아 있지 않는다는 점을 염두에 둬야 한다. 우리는 아름다움과 추함, 비범함과 평범함, 우둔함과 영민함이 뒤섞여 있는 존재라는 걸 반드시 기억해야 한다. 앞으로 시대정신에 맞서 전략적인 싸움을 하기 위해, 새로 사귄 사람들에게 직업이 무엇인지 질문하기보다는 최근에 어떤 생각이나 공상을 하고 있는지 물어보는 게 좋지 않을까.

니콜라스 마스,
〈회계 담당자〉, 1656년

12

조용한 삶   A Quiet Life

대부분의 역사에서 사회는 활동적이고 외향적인 삶을 좋은 삶이라 여겼다. 인간은 전투에서 적을 창으로 찌르고, 신의 이름으로 자신을 영웅적으로 희생하고, 고위직에 올라 명성을 얻고, 부와 명예를 긁어모으고, 예술과 과학에서 획기적인 발전을 이루어 유명해지느라 시간을 보냈다. 현대는 여기에다 자신의 요구사항을 덧붙였다. 적극적이고 훌륭한 삶에는 상업적 성공, 폭넓은 교우관계, 잦은 해외여행, 여러 도시에 대한 해박한 지식, 예술과 기술 분야의 선도적인 아이디어에 대한 관심, 패션 감각, 최신 드라마 시청, 그리고 거의 필수적으로 주 2회의 고강도 운동이 포함되어야 했다.

이제 이런 삶 외에 '조용한 삶'이라 할 수 있는 것을 논하는 일은 이상해 보인다. 그것은 비싼 도심지 바깥에 거주하며, 물질적 필요와 지적인 호기심을 만족시키고자 일하지만 미친 듯한 열정이나 정서적인 갈망은 없으며, 가끔 뉴스를 확인하고, 멀리 여행하는 일이 거의 없으며, 저녁에는 대부분 외출하지 않고, 소수의 친구하고만 연락하며, 자연에서 많은 시간을 보내고, 운동은 산책으로 충분하고, 식사는 주로 과일과 야채로 간단히 하고, 비싼 물건은 좀체 사지 않으며, 대부분의 신간 도서에 관심이 없고, 밤 10시에는 잠자리에 들기 위해 노력하는 삶이다.

현대 세계는 우리가 놓칠 수 있는 것들에 대해 늘 알려준다. 이러한 문화에서는 강렬하면서도 고통스러운 포모FOMO*의 경험을 피

* 뒤처지고 소외될지 모른다는 두려움(Fear Of Missing Out).

할 수 없다. 늘 아주 흥미로운 일이 일어나고 있는 특정 지역에 관한 이야기를 듣게 된다. 한때는 뉴욕이었고, 몇 년 동안은 베를린이었으며, 몇 년 후에는 오클랜드일지 모른다. 꼭 읽어야 할 책과 반드시 봐야 할 영화가 있다. 꼭 찾아가서 만나야 할 사람들이 있고, 절대 지나쳐서는 안 되는 기회가 있다. 이 모든 것이 특권처럼 느껴질 수 있지만, 실은 강압이 될 수도 있다.

예술은 우리의 소란스러운 열광을 추적하고 부추겨왔다. 전통적으로 대부분의 예술 작품은 귀족이 전투에 참여하여 세운 공훈, 종교적 인물이 이룬 극적이고 금욕적인 업적을 전시했다. 말에 올라탄 강인한 턱을 가진 남자와 도도한 귀부인의 옆모습, 천국으로 올라가는 성인과 사탄에 맞서 미덕을 수호하는 성경 속 영웅이 등장했다.

하지만 세상이 점점 더 소란스러워지자 새로운 사명을 염두에 둔 소수의 전통이 나타났다. 이들은 우리가 평범하고 소박한 삶의 예상치 못한 매력에 눈을 뜨도록 해주었다. 이 전통의 선구자는 17세기 네덜란드 공화국의 예술가들이다. 요하네스 베르메르와 피테르 데 호흐의 화폭에는 군사 행렬이나 신성한 전령이 없다. 우리와 별반 다르지 않은 사람들이 마당을 쓸고, 빨래를 개고, 아이들의 머리에 서캐가 있는지 살피고, 저녁 식사를 준비하는 등의 단순하고 중요하며 일상적인 일을 하는 모습에는 더 큰 용맹과 구원이 깃들어 있었다.

네덜란드 화가들은 부엌이나 마당에도 전장이나 궁전 못지않게 용기, 분별력, 친절함을 발휘할 기회가 있다는 걸 천재적으로 보여주었다. 이후 여러 세기 동안 그들과 비슷하게 일상에 관심을 가진 화가들이 나타났다. 빌헬름 하메르스회는 조용한 실내에서, 에라스무스 엥게르트는 정원에서, 제시카 토드 하퍼는 사진에서 그러한 순간을 포착했다.

에라스무스 엥게르트,
〈빈의 정원〉, 1828년

빌헬름 하메르스회,
〈독서하는 젊은 남성이 있는 실내〉, 1898년

네덜란드 화가들의 정신적 친척이라 할 수 있는 영국 학자 로버트 버턴은 1621년에 발표한 『우울의 해부The Anatomy of Melancholy』에서 "세상의 소란에서 자유로운 사람"을 찬양하며 이렇게 썼다. "그는 명예를 추구하지 않고, 입신양명을 좇지 않으며, 아첨하지 않고, 시기하지 않고, 타협하지 않고, 자기 재산에 만족하며 조용히 산다……. 나랏일에 고민하지 않는다. 왕국이 계승으로 번성하건 선거로 번성하건, 군주제가 뒤죽박죽이건 온건하건 전제적이건 관심이 없다. 오스만 제국 왕조나 오스트리아 제국 왕조나 그에게는 다 똑같다……. 그는 식민지나 새로운 지리적 발견에 대해 궁금한 게 없다……. 침략, 파벌, 경쟁에 대한 두려움은 그를 흔들지 못한다." 어쩌면 이는 베르메르나 호흐, 엥게르트나 하퍼를 대변해 주는 선언일지도 모른다.

조용한 삶의 옹호자들도 소란스러운 세상에서 특별한 일이 일어나고 있다는 것을 당연히 알고 있지만, 그들은 눈에 확 띄는 멋진 표지판이 자기 인생을 이끌도록 놓아두지 않는다. 그들 생각에 정말 읽어야 할 소설은 최근 문학상 수상작이나 베스트셀러 목록에 올라 있는 작품이 아니다. 아마도 200년쯤 전에 쓰였으며 대부분 중고 판본으로 구할 수 있는 작품일 것이다. 소중한 것은 단순하고 직관적인 것과 뒤섞여 있을 수 있다는 점을 그들은 잘 알고 있다. 뛰어난 지성에 반드시 학위가 따라붙어야 하는 건 아니다. 텔레비전에서 스누커 게임을 보길 좋아하고 머리 염색을 더 이상 하지 않는 친척과 속 깊은 대화를 나눌 수도 있다. 조용한 삶의 옹호자들 스스로 자신들이 놓칠까 두려워하는 것들이 있다. 그들은 자녀가 성장하는 모습, 약속 없이 텅 빈 날들, 부모님을 진정으로 알아가기, 저녁놀이 지는 하늘, 느긋한 목욕, 고양이와 함께하는 주방에서의 이른 아침 등을 즐기지 못할까 봐 걱정한다.

조용한 삶을 사는 이들은 마음속에서 시간을 들여 곰곰이 되새겨 보면 단 하나의 경험에서 정말 많은 것을 끄집어낼 수 있다는 사실을 알고 있다. 10년 전에 다녀온 짧은 여행도 실제 끝난 게 아니다. 여행의 많은 부분이 기억 속에 고스란히 남아 있다. 여행 첫날 아침 항구에서 본 빛, 뜰에 제라늄이 피어 있던 작은 미술관, 숲에서 먹은 토마토 샐러드…… 어떤 것도 사라지지 않는다. 그저 그 풍부한 기억을 내어주기 전에 바깥세상이 조용해지길 기다리고 있을 뿐이다. 우리가 이미 겪은 일과 본 것에서 고유의 가치를 끌어내는 법을 안다면 그렇게까지 많은 경험을 할 필요가 없다. 끊임없이 움직이려는 우리의 충동은 내심 경험을 온전히 처리할 수 없다는 무능력에 대한 고백일지도 모른다. 새로운 경험이 많이 필요하다고 느끼는 이유는 이미 겪은 일들을 제대로 흡수하지 못했기 때문이다.

우리가 훌륭한 여행자였다면 가게까지 걸어가는 길을 나름의 소중한 모험으로 즐길 수 있었으리라. 마치 호기심 많은 네 살짜리 아이처럼 벽돌 사이에서 자라는 잡초, 은빛 꼬리가 달린 기묘한 모양의 구름, 창고 사이로 그어진 비행운, 수선화를 멍하니 바라보는 개, 가로등 기둥에 그려진 낙서, 얼음 위에 놓아둔 도버 가자미와 달고기가 보이는 생선 가게 등 새롭고 특별한 광경을 볼 때마다 가던 걸음을 멈추고 그 모습을 마음에 담아 한 뼘 더 성장할 수 있었을지 모른다. 큰 야망을 품고 있을 때는 이런 데 관심을 두기 어렵다. 하지만 조용한 삶을 사는 이들은 모두의 기대와는 달리 사실 이런 것이야말로 존재의 중심이라는 걸 잘 알고 있다. 삶은 별다른 데 있지 않다. 삶이 곧 끝난다면 바로 이런 것들을 그리워했으리라.

조용히 사는 이들은 단순히 진가를 알아보아서 조용한 것이 아니라 신중함 때문에 조용한 것이다. 그들은 소란스러운 삶이 치르는 대가를 잘 안다. 그들은 우리가 얼마나 쉽게 지치고 과도하게 자극을 받고 무너질 수 있는지—아마도 바쁜 일정으로 가득 찬 사람들보다도 훨씬 더—잘 알고 있다. 그들은 너무 많은 책무와 흥분, 뜬눈으로 보낸 수많은 밤과 감정적인 드라마로 인해 이성의 끈을 놓아버릴 수밖에 없는 허약한 상태로 거칠게 내몰리면서 정신과 육체가 쇠약해지는 일을 겪었으리라. 그들은 어리석음과 편집증, 불안과 절망을 경계하며 조용히 살아가고 있다. 무미건조한 일상생활과, 홀로 혹은 친한 친구 한둘과 함께 보내는 밤이 착란에 가까운 흥분 상태의 시절로 되돌아가는 것을 막아준다는 점을 깊이 인식하고 있다.

돈을 얼마나 벌었는지 셈하는 건 쉽지만, 우리가 잃어버린 고요함이 얼마나 되는지 알아차리기는 어렵다. 우리는 우리가 사는 소란스러운 삶의 진정한 가격을 꼼꼼히 따지지 못한다. 출장이나 회의가 마음의 평정과 창의성의 수준, 혹은 우리에게 진정으로 중요한 사람과의 관계에 미칠 영향을 제대로 계산하지 못한다. 매일 보는 신문 기사가 우리를 얼마나 동요시키고, 거짓된 친구와의 상시적인 만남이 얼마나 우리를 힘들게 만드는지 제대로 알아차리지 못한다. 우리는 위기감이라고는 하나도 없이 우라늄을 다루던 초기의 과학자들과 다를 바 없다. 시끌벅적한 지인으로 가득 찬 방에 들어가 어색한 사람들과 몇 시간 동안 잡담을 나누는 것이 우리의 민감한 정신에 얼마나 큰 충격을 가하는지 깨닫지 못한다. 이는 한 달 정도 저녁을 조용히 보내야만 치유되는 경험이다. 불면증은 낮에 풀지 못하고 지나갔던 온갖 생각들이 마음에 가하는 복수이며, 불안이란 우리가 소홀히 대했던 감수성에 깊이 주의를 기울이라는 권고라는 걸 깨닫지 못한다.

좋은 부모는 아이가 지나치게 피곤하지 않도록 잘 챙긴다. 그들은 환한 조명과 춤, 농담과 게임이 지나가고 나면 낮잠을 자야 한다는 사실을 알고 있다. 또한 아이가 어떨 때 짜증을 내고 부정적인 태도를 보이는지 잘 알고 있다. 하지만 아이들만큼이나 취약한 우리의 마음과 정신에는 그런 배려를 기울이지 않는다. 현대 사회에는 이 정도면 됐다고 우리를 일깨우는 어른이 눈에 띄지 않는다. 그래서 우리 스스로 잠자리에 드는 데 필요한 초인적인 노력을 기울여야 한다.

피테르 데 호흐,
〈아이의 머리에서 이를 잡고 있는 어머니〉,
1660~1661년경

평범한 삶이 영웅적인 까닭은 평범한 듯 보이는 것들이 실제로는 결코 평범하지도, 쉽게 해낼 수 있는 것도 아니기 때문이다. 아이를 적절히 독립적이고 균형 잡힌 사람으로 키우기 위해서는 엄청난 기술과 진정한 기품이 필요하다. 극도의 난관에도 불구하고 배우자와 오랜 세월 좋은 관계를 유지하기 위해, 집을 어느 정도 깨끗하게 유지하기 위해, 딱히 재미있거나 돈을 많이 받는 것도 아니지만 책임감 있고 활기차게 일을 수행하기 위해, 다른 사람의 말에 귀를 기울이기 위해, 그리고 살아가면서 일반적으로 겪는 역설과 타협 앞에서 광기나 분노에 굴복하지 않기 위해서는 노력이 필요하다.

아마도 우리는 이미 신나는 일을 차고 넘치게 겪었을 것이다. 충분히 많은 사람을 만났고, 충분히 많은 장소를 다녔으며, 물건도 충분히 샀을 것이다. 우리는 현대 세계의 힘이 우리를 진정한 고향으로부터 계속 떼어놓고 있는 상황을 멈춰야 한다. 중심지 같은 건 없으며, 우리가 초대받지 못한 파티 같은 것도 없다. 그저 지금 여기, 지구라는 창백한 푸른 점 어딘가에서 최선을 다해 살아가고 있다. 우리만이 고요한 아름다움에 둘러싸인 채 자주 잊고 지낸 침묵에 다시 동참하고 광대함에 마음을 열어야 하며, 그 과정에서 일찍 잠자리에 들 필요가 있다.

13

바쁨   Busy-ness

지난 200년간 세계는 인류 역사상 가장 큰 생산성 증대를 이루었다. 서기 1년에서 1820년까지 서양의 생활 수준은 천천히 증가하여 일인당 연간 GDP가 600달러에서 1,200달러로 두 배 증가했다. 그다음 200년 동안은 20배 이상 치솟아 현재는 2만 6,000달러를 넘어섰다.

우리는 생산성이 더 높아졌을 뿐만 아니라 생산성이 어떻게 보여야 하는지에 대해서도 파악하고 있다. 사무실에서 많은 사람에 둘러싸여 회의에 참석하고, 수많은 곳을 돌아다니고, 많은 메시지에 응답하는 삶이 생산적인 모습이라고 생각하게 되었다. 하지만 가장 생산적인 일이 실제로 무엇을 필요로 하는지 놓칠 위험에 처해 있는지도 모른다.

세계가 아이디어와 주요한 일차적인 질문에 대한 명확한 사고를 통해 발전한다면, 우리의 가장 생산적인 순간 중 일부는 근면이라는 현대의 종교가 상상하는 시나리오와는 별 연관이 없을 것이다. 가장 생산적인 순간은 겉으로는 조용하고 한가해 보이는 순간들이다. 그 순간 진부한 가정과 기존의 생각을 깨부술 기회가 주어지고, 넘치는 생동감과 진정성이 마음에 솟아오를 것이며, 그간 경시되었던 직관을 진지하게 받아들이거나 반대되는 관점을 선의로 해석해 볼 용기를 갖게 될 것이다.

이 순간 우리는 지구에 남은 시간이 얼마 없다는 사실을 깨닫게 될 것이다. 그 깨달음으로 인한 당혹스러움을 이용해 우리가 진정으로 원하는 것으로 방향을 잡고, 이미 오래전에 알고 있었던 해야 할 일을 실천하게 될 것이다.

역설적으로, 으레 이런 생각을 하리라 예상되는 곳에서는 이런 생각이 떠오르지 않을 수도 있다. 익숙한 장소에서는 익숙한 생각이 나오기 때문이다. 수백 명의 동료에 둘러싸여 있으면 독창적인 관점도 부적절하게 느껴질 수 있다. 생각만 해야 하는 상황에서는 생각하기가 더 어렵다. 활기찬 월요일 아침에 빈 종이가 앞에 놓여 있으면 불안한 마음에 침묵할 수 있다. 미리 정해둔 계획이나 목표 없이 하루 중 여유로운 순간에, 공원을 걷거나 기차를 타거나 목욕을 하거나 허공을 멀거니 쳐다보거나 할 때 최고의 생각이 떠오른다. 바로 그때 무의식으로부터 가장 멋진, 하지만 또한 가장 은밀한 생각들을 꾀어낼 수 있다. 이러한 생각들이 다시 달아나 버리기 전에 이성을 통해 엿볼 수 있다.

우리가 떠올리는 중요한 아이디어 중 상당수에는 불편한 측면이 있다. 진지하게 고려할 경우, 혼란을 일으킬 수 있는 요소가 수반되기도 한다. 어쩌면 방식을 변경해야 할 수도 있으며, 사람들을 당황스럽게 만들고 현재의 잘못된 가정을 바로잡아야 할지도 모른다. 이는 그런 생각들을 진지하게 받아들이지 말아야 한다는 뜻이 아니다. 다만 우리가 왜 그런 생각들을 진지하게 검토하고 싶지 않다는 유혹에 쉽게 빠지는지 설명해 준다. 우리는 그 계획이 올바른 것인지 평가하기보다는 그냥 계획을 실행하는 데 더 소질이 있다. 어떤 계획을 진행하는 데 필요한 수천 개의 사소한 과정을 해결하는 데는 천재적이지만, 그 계획이 진짜 타당한 것인지 고려할 시간과 장소를 확보하는 데는 서툴다.

만약 우리에게 현대의 괴로운 업무 환경을 거부할 힘이 있다면, 저녁까지 반드시 해야 한다는 압박을 가하는 업무도 없고 아무도 찾아오지 않으며 답장할 메시지도 없는 이른 오후의 조용한 방이

야말로 우리가 자신에게 내어줄 수 있는 가장 생산적인 장소라는 점을 깨닫게 될 것이다. 창밖을 멍하니 바라보며 시간을 보내는 것이 겉보기에는 '시간 낭비' 같을 수 있다. 하지만 실제로는 수년 어치의 혼란과 착오를 줄일 수 있는 생각을 만들어내는 심오한 가치를 지닌 행위라는 점을 깨우칠 것이다. 빌헬름 하메르스회의 그림 속 인물은 '아무것도 안 하는' 것처럼 보이지만, 최고의 통찰은 아무런 목적의식 없이 몽상과 자유 연상이 주는 창의적인 힘을 활용할 때 나온다. 창문을 보며 백일몽에 빠지는 것은 보다 실질적인 계획을 발전시키기 위함이며, 즉각적인 압박을 통해 이뤄지는 과도한 요구에 맞서는 전략적 반란이다.

우리는 '나태한' 기분에 빠지지 않도록 자신에게 엄해야 한다는 권고를 받는다. 게으름은 현대의 분주한 움직임에 저지르는 죄처럼 느껴질 수 있다. 하지만 행복과 자기계발에 가해지는 진정한 위협은 바쁘게 사는 데 실패하는 것이 아니라 정반대의 상황, 즉 충분히 '나태할' 수 없다는 데 있다. 겉으로 보기에 한가하다는

빌헬름 하메르스회, 〈스트란드가데 30번지의 실내〉, 1905년

것이 생산적인 삶을 간과한다는 의미가 될 수는 없다. 세상이 보기에 우리는 아무것도 성취하지 않고 지내는 듯 보일 수 있지만, 겉으로 드러나는 모습 아래에서는 중요하면서도 나름대로 고된 수많은 일들이 진행되고 있을지도 모른다.

일상적인 일과 업무로 분주할 때는 주로 긴급하긴 한데 사실 따지고 보면 중요하지 않은 과제들에 주력하게 된다. 하지만 문제의 근원을 이해하고 전반적인 방향을 관리할 수 있는 결정과 결론에 도달하기 위해서는 접근이 쉽지 않은 내면의 깊은 영역까지 들어가야 한다. 그러나 이 영역은 우리가 당장 요구되는 일들에서 거리를 두는 용기를 낼 때, 다시 말해 멍하니 구름을 바라보고 나뭇가지의 움직임을 따라갈 수 있을 때 모호하게나마 출현한다. 늘 활동적으로 사는 것 같은, 수첩이 일정으로 꽉 차 있는 사람은 나태함의 반대편에 있는 듯 보인다. 하지만 겉으로 드러나는 그 광적인 열렬함의 이면에서는 수많은 문제로부터의 도피가 일어나고 있을지도 모른다. 바쁜 사람들은 다른 종류의 과업을 회피한다. 그들은 벌떼처럼 분주하게 활동하지만, 실상 자신이 하는 일에 대해 갖는 진짜 감정을 숙고할 시간은 내지 못한다. 그들은 자기가 가는 방향에 대한 조사를 한없이 미루며, 삶의 목적을 이해하는 데 게으르다. 그들의 바쁨은 미묘하지만 강력한 형태의 산만함이며, 사실 일종의 나태함이다.

중요성을 재분배하는 법을 배운다면 더욱 균형 잡힌 삶을 살 수 있다. 전 세계를 여행하는 것만큼 용기 있는 일은 아니지만, 생각거리를 들고 과감히 집에 앉아 있는 것, 불안을 일으키거나 우울해질지도 모르지만 꼭 필요한 아이디어와 정면으로 마주하는 것도 용기라고 생각해야 한다. 국제공항의 비즈니스 라운지에 있는 사람만이 영웅적으로 열심히 일하는 건 아니다. 무표정하게 창밖을 보다가 이따금 종이에 한두 가지 아이디어를 적는 사람도 그런 일을 해내는 사람일 수 있다. 그 또한 우리의 잠재력을 적절히 예우하는 고된 노력일지 모른다.

라몬 카사스,
〈무도회가 끝난 뒤의 퇴폐적인 젊은 여성〉, 1899년

14

추함   Ugliness

우리가 현대 세계에 대해 할 수 있는 중요한 일반화 중 하나는, 이 세계가 정말 놀라울 정도로 추하다는 인식이다. 만약 수백 년 전 조상에게 우리가 사는 도시와 교외 지역을 보여준다면 그들은 우리의 기술에 놀라고, 부유함에 감동하며, 의학적 발달에 어안이 벙벙할 것이다. 그리고 우리가 만들어낸 끔찍한 광경에 믿을 수 없을 만큼 큰 충격을 받을 것이다. 여러 면에서 과거에 비해 훨씬 더 발전한 이 사회는 인류가 알고 있는 그 어떤 것보다도 실망스럽고 혼란스러우며 혐오스러운 도시 환경을 건설했다. 이 역설적 상황에서 벗어나려면 그 기원을 이해해야 한다. 도시의 추함에는 적어도 여섯 가지 이유가 있다.

1 —— '아름다움'에 맞서 벌이는 전쟁

건축이 처음 등장한 이후부터, 건축가의 임무는 건물을 쓸모 있게 짓는 것뿐만 아니라 아름답게 만드는 것이라고 이해되었다. 이러한 임무에는 기본적인 자원 외에도 다양한 조치가 필요했다. 건축가는 아름다움을 위해서라는 이유로 창문에 색색의 타일을 붙이거나 문 위에 꽃을 한 줄로 쭉 새겨넣을 수도 있었다. 정면 파사드를 대칭으로 만들거나, 층마다 창문이 비례적으로 작아지게 설계할 수도 있었다.

건축가들은 수도교나 공장처럼 실용적인 건축물의 외관도 보기 좋게 꾸미고자 노력했다. 로마인들은 물을 퍼 올리는 장치도 신

전만큼이나 아름다울 수 있으며, 초기 빅토리아 시대 사람들은 공장조차도 우아한 시골 저택처럼 미적인 특징을 지닐 수 있다고 생각했다. 그리고 밀라노 사람들은 상가 건축도 대성당의 야망을 품을 수 있다고 여겼다.

하지만 현대에 이르자 건축에서 아름다움은 금기시되었다. 현대의 건축가들은 이전의 모든 '미화 작업'이 연약함, 낭비, 허세로 점철되었다면서 그것들과 전쟁을 벌였다. 오스트리아의 모더니즘 건축가 아돌프 로스는 1910년 발표한 「장식과 범죄」라는 에세이에서 건물에 '예쁜' 장식을 하는 것은 건축이라는 참된 직업에 저지르는 죄라고 주장했다. 그러면서 건축을 순수하게 기능적인 용어로 재정의했다. 로스의 모더니스트 동료 르코르뷔지에는 장식이 없는 건물만이 '정직한' 건물이며, 아름다움에 대한 모든 생각은 건축의 진정한 사명에 대한 배신이라고 주장했다. 건축의 진정한 사명은 오로지 물샐틈없는 기능적 구조를 창조하는 것이었다. 모더니즘은 '형태는 기능을 따라야 한다'라고 선언했다. 즉 건물의 외관은 아름다움을 고려하여 만들어서는 안 되며, 중요한 것은 오직 기본 재료의 목적이었다.

처음에는 이러한 관점이 해방감으로 다가왔다. 19세기에는 장식이 과도하게 달린 건물들이 많이 지어졌고, 그러면서 아름다움을 추구하는 충동이 퇴폐적인 정도에까지 이르렀다.

바로 이때 수많은 초기 모더니즘 건축물, 특히 부유한 고객들을 위해 지어진 건물들은 참신하고 우아한 느낌을 주었다. 마치 초콜릿케이크를 과식한 뒤 키위를 먹는 듯 상쾌한 느낌이었다. 형태는 기능을 따라야 한다는 격언이 참으로 매력적인 새로운 종류의 건축 양식을 선보이려는 듯했다.

안타깝게도 그 꿈은 빠르게 시들어버렸다. 부동산 개발업자들은 예술적 아방가르드가 기능주의 개념을 밀고 있다는 말을 듣고

프랑스 님의 수도교인 가르 다리.
서기 60년에 건립되었다.

토머스 제퍼슨이 설계한 버지니아 대학 로툰다.
1826년에 완공되었다.

는 쾌재를 불렀다. 가장 배울 만큼 배운 사람들에게서 가장 인색한 예술적 모티브에 대한 승인이 떨어졌으니 말이다. 개발업자들은 더 이상 아름다움과 관련된 문제에 돈을 쓸 필요가 없었다. 대칭이니, 꽃이니, 멋있지만 좀 비싼 재료니 하는 것들은 지나간 유행이 되었다. 최대한 싸고 빠르고 못나게 만들 수 있는 길이 열렸다. 어쨌거나 그게 건축의 대가들께서 조언한 바가 아니었던가? 흥미로운 틈새 아이디어로 시작했던 것이 순식간에 매력이라고는 조금도 없는 널찍한 교외 지역과 상업 지구를 정당화하는 구실이 되어버렸다. 창고와 험상궂은 상자들이 넘쳐났다.

모더니스트들은 사실 자기가 하는 일에 솔직했던 적이 없었다. 그들은 오로지 '기능'에만 관심이 있다고 주장했지만, 실제로 르 코르뷔지에나 미스 반데어로에 같은 대가들은 건축물의 각 구성 요소를 깊이 고민했다. 그들 역시 예전 사람들처럼 시각적 매력에 은밀하게 관심이 많았다. 그들은 자신들이 깔끔하고 엄격한 기술자처럼 보이길 원하면서도, 사실은 예술적인 면모를 여전히 갖고 있었다.

이런 미묘한 뉘앙스는 모더니스트의 뒤를 따라온 부동산 개발업자에게는 존재하지 않는 것이었다. 그들이 지은 건축물은 우아하고 깔끔하게 다듬어지지 않았으며 조잡하고 비열하고 추했다. 건물이 못났다는 점을 제외한다면, 모더니스트 거장들이 한 말이 있었던지라 딱히 그들을 직무 유기로 비난할 방법이 없었다. 아름다움이라는 개념은 구식이 되어버렸으며, 엘리트주의적이고 애매모호해 보였다. 누구도 이 세상에서 아름다움이 사라졌다고 불평할 수 없었다. 그런 소리는 어리석게 들렸다. 현대는 추해졌다. 건물에 있어 아름다움이란 기능적인 지붕만큼이나 필수적인 요소라는 사실을 제대로 설명할 방법이 없었기 때문이다. 우리는 우리가 겪는 괴로움을 표현할 어휘를 잃어버렸다.

2 —— 무엇이 매력적인지 아무도 모른다

현대 세계의 추함을 낳은 두 번째 지적 오류는 건축물에서 무엇이 매력적인지 아무도 모른다는 주장이다. 현대 이전의 세상에서는 건축물을 멋지게 보이도록 하는 요소에 대한 정확한 규칙이 존재한다고 보았다. 서양에서는 이 규칙들이 '고전주의'라는 교리로 체계화되었다. 그리스인들이 만들고 로마인들이 발전시킨 이 고전주의는 1,500년 이상에 걸쳐 우아한 건축물이 어떻게 생겨야 하는지를 정의했다. 에든버러에서 찰스턴, 보르도에서 샌프란시스코까지 서양 전역에서 고전주의적 형태의 건물을 찾을 수 있다.

고전주의에 대해 정중히 이견을 제시하는 일이 점차 늘어났다. 어떤 이들은 다른 양식, 이를테면 중세의 고딕 양식이나 이슬람 양식 또는 중국, 알프스산맥, 태국 양식 등을 주장했다. 서양에는 다양한 건축물이 등장했고, 이와 더불어 어떤 양식으로 짓는 것이 최선인지 논쟁이 벌어졌다.

시간이 지나면서, 이러한 논쟁은 지적으로는 존중받았지만, 현실적으로는 몹시 나쁜 결과를 초래했다. 시각적 취향이라는 문제에서 누구도 논쟁의 승자가 될 수 없다는 결론을 내린 것이다. 모든 취향은 귀 기울여 들을 가치가 있었다. 객관적 기준 같은 것은 존재하지 않았다. 건축물의 매력은 여러 가지 면에서 주관적인 현상이었다.

이는 다시 한번 건축업자들의 귀에 음악처럼 들렸다. 별안간 누구도 어떤 건물을 '추하다'고 말하지 못하게 되었다. 어쨌거나 취향이란 주관적인 것이니까. 당신과 당신 친구들이 새로 조성된 지구를 싫어할 수도 있고, 민주적 다수가 혐오할 수도 있지만, 그래봤자 그것은 개인적 의견일 뿐 모두가 따라야 하는 명령 같은 건 아니다. 도시는 점점 추해지지만, 누구도 도시에 '추함'이 있다고 말하지 못했다. 어쨌거나 취향이란 그저 개인적인 것일 뿐이지 않은가?

3 ── 독창성

대부분의 역사에서 건축가에게 필요 없는 것은 바로 '독창성'이며, 목수나 벽돌공에게 요구되는 것 이상의 독창성은 필요치 않다고 여겨졌다. 건축가가 할 일은 같은 구역 안의 다른 건물들과 대충 비슷한 건물을 고분고분 시간 내에 만드는 것이지, 뚜렷한 개성을 표현하거나 차별성을 강조하거나 세상의 이목을 끄는 것이 절대 아니었다. 그 결과 대부분 도시 지역은 생김새가 거의 비슷해졌다. 누가 어떤 건물을 지었는지 구분할 수 없었고 (누가 빵을 구웠는지가 딱히 중요하지 않은 것처럼) 그게 중요한 문제도 아니었다. 건축은 아름답게 몰개성적이고, 반복적이었다.

하지만 20세기 초, 문제를 일으킬 만한 생각이 전면에 부각되었다. 건축가는 독특한 시각을 지닌 특별한 개인이며, 그 창의성이 안정될 때까지 온갖 기발한 방식으로 표현되어야 한다는 것이었다. 건축가에게 다른 사람들과 잘 어울리라고 요구하는 것은 시인에게 타자기로 세법을 치라고 요구하는 것만큼이나 사람을 답답하게 만드는 일이었다.

이는 몇몇 특정 건축가에게는 해방과도 같은 주장이었지만, 사회 전체는 이 창조성의 분출로 인해 커다란 대가를 치렀다. 별안간 건축가들이 자신의 독창성과 가치를 입증하기 위해 기이하고 충격적인 형태를 창조하고자 경쟁했다. 품위와 위엄이 느껴지는 건축물이 아니라 파격적이고 기이한 것으로 이름을 얻을 수 있다고 여겨졌다.

세상은 '독창성'이 제빵이나 뇌수술에서처럼 건축에서도 환영받을 만한 요소가 아니라는 점을 잊어버렸다. 사람들은 끊임없는 충격과 놀라움을 찾아다니는 게 아니라 예측 가능한 규칙과 조화를 원한다. 우리가 진정으로 바라 마지않는 건물이란 늘 지어왔던 것 같은 건물, 누가 설계했는지 궁금할 필요가 없는 건물이라고 말할 수 있는 능력을 상실하고 말았다.

4 —— 확산

인간은 역사의 대부분을 체계적으로 조직되고 반듯하게 정렬된 거리와 광장에서 살았다. 그게 특별히 매력적이어서가 아니라 편리하기 때문이다. 걸어서, 또는 기껏해야 말을 타고 돌아다녀야 하던 시절에는 모든 걸 가까이 두는 게 이득이었다. 또한 그편이 더 안전하기도 했다. 침략자가 언제든 공격할 수 있기에 마을을 벽으로 둘러싸는 것이 필수적이었으며, 날붙이를 모아둔 작은 서랍이나 공구함처럼 마을 안의 모든 걸 잘 정리하는 것이 무엇보다 중요했다.

하지만 1920년대 자동차의 보급과 함께 사람들이 눈치채지 못하는 사이 공간을 알뜰하게 사용해야 한다는 압박은 자취를 감춰버렸다. 이제는 땅 위를 어슬렁어슬렁 누비거나 느긋하게 누울 수도 있었다. 고속도로는 고층 건물, 잡목림, 흩어져 있는 창고들 사이를 구불구불 지나갔다. 깔끔하게 정돈된 것을 좋아하고, 그림이 살짝 비뚤어진 채 걸려 있거나 접시에서 나이프와 포크의 간격이 같지 않으면 불안해지는 사람들은 날이 갈수록 더 슬퍼졌다.

5 —— **지역적 특성 유지하기**

예전에 건축가들은 현지에서 조달할 수 있는 자연 재료로 건물을 짓는 것 말고는 선택의 여지가 없었다. 여기에는 두 가지 이점이 있었다. 첫째, 자연에서 구한 재료로 작업하면 크게 실패할 일이 없었다. 석재 혹은 목재로 지은 건물은 매우 추하게 만드는 게 어렵다. 그 자체로 높게 지을 수 없기에 눈에 거슬리는 게 있어도

필리핀 마닐라.

이탈리아 볼로냐.

어느 정도 참작된다. 석회암, 화강암, 대리석 등의 석재와 목재가 갖는 고유의 유기적 아름다움은 형태적인 오류를 완화한다. 둘째, 특정 장소와 연결해 우리를 그곳으로 이끄는 데 도움을 줄 수 있다. 예루살렘이 한 종류의 돌로, 온천 도시 바스가 다른 종류의 돌로 세워진 것처럼 그곳이 지구상 어디에나 있을 법하지 않은 곳이라면 더 그렇다.

하지만 현대는 유리와 강철을 도입해 크고 인상적인 건축물을 빠르게 만들게 되었다. 그 지역만의 독특한 건축물을 만든다는 것은 지역 전용 전화를 설치하거나 지역 전용 자전거를 설계하는 것만큼이나 어리석은 일이라는 걸 암시했다. 이러한 주장은 다시 한번 인간의 본성을 간과하는 것이었다. 우리가 어떤 건물을 두고 '어디에나 있음직하다'고 말할 때, 우리는 그 건물의 세계적 야심을 칭찬하는 게 아니라 그 건물이 우리가 어디에 있는지 상기시키기를 갈망하는 것이다.

6 ── 정신 건강

세상이 이렇게 추해진 것은 시각적 영역이 엘리트들만의 소일거리가 아니라 우리의 정신 건강과 관련이 있다는 걸 중요하게 생각하지 않았기 때문이다. 무엇보다 심각한 것은, 우리가 사는 곳이 우리가 어떤 인간이 될 수 있는지를 결정한다는 데 있다.

열악한 환경에 놓이면 물질적 삶이 제아무리 안전하고 풍요롭다 해도 정신은 침몰할 것이다. 우리는 주변 건물들이 전하는 메시지나 의미로부터 영감을 얻는다. 건물이 우아함과 매력, 친절과 빛에 관해 이야기한다면 우리 기분도 활기를 얻을 것이다. 하지만 건물이 우리를 위협하고 올러대는 듯 보인다면 굴욕감을 느끼고 겁을 먹을 것이다. 현대는 우리의 연약함을 존중하지 않았다. 지붕에 비만 새지 않으면, 극도로 추한 건물에서도 삶의 의지를 놓지 않으리라 생각했다.

1976년에 준공된 싱가포르
OCBC 센터.

우리가 건설한 추한 세상을 빈곤의 탓으로 돌릴 수는 없다. 예전에는 돈만 있으면 모두에게 아름다움을 보장해 줄 수 있으리라는 가정이 사람들을 안심시켰다. 하지만 현대가 우리에게 알려준 어두운 교훈은, 궁극적으로 훌륭한 건축물을 만드는 건 합리적인 아이디어이며 우리는 자원 부족이 아니라 어리석음 때문에 추한 세상을 만들었다는 사실이다.

이는 우리가 대단히 비싼 값을 치르고 얻은 어리석음이다. 바보 같은 책이나 노래는 구석에 처박아 두면 누구도 성가시게 하지 않는다. 그러나 바보 같은 건물은 지구를 훼손하고 수백 년 동안 그 꼴을 봐야 하는 사람들의 기분을 상하게 하며 서 있을 것이다. 이런 이유만으로도 건축은 가장 중요한 예술 분야이며, 문제를 더 악화시키고자 함인지는 모르겠으나 학교에서 전혀 배우지 않는 분야이기도 하다.

건축에 대한 교육을 받지 않은 결과, 우리는 지배 계급에 책임을 묻지 못한다. 더 부유하고, 더 공정하고, 더 친환경적인 세상을 원한다고 말하는 법은 알지만, 추함에 대한 혐오를 정치적으로 표현하는 법은 알지 못한다.

우리는 더 아름다운 세상을 원한다고 목소리를 높이는 데 여전히 서툴다. 현대의 약속은 가장 중요한 것들을 모든 사람에게 저렴하게 제공하는 것이었다. 맛있는 음식이나 멋진 옷, 휴가 또는 의약품은 더 이상 부유층의 전유물이 아니다. 산업 기술이 모두에게 양질의 삶을 열어주었다. 하지만 역설적으로, 우리가 간절히 원하는 한 가지 핵심 요소는 우리가 그에 관한 생각을 명확히 하지 못한 탓에 그 어느 때보다 배제되었다. 우리가 대량으로 생산할 수 없어 보이는 것은 바로 아름다운 건축물이다.

그 결과, 1900년 이전에 지어진 멋진 건축물들은 수용 인원보다 훨씬 더 많은 사람이 몰릴 만큼 인기가 있으며, 귀족 시대의 절정기였을 때보다 더 비싸지고 있다. 또한 남아 있는 몇 안 되는 쾌적한 거리는 관광객의 무게에 눌려 무너질 위기에 처해 있다. 우리의 도전 과제는 아름다움에 대한 갈망을 기억하고, 그것을 실현하는 데 방해가 되는 현대의 힘과 싸우는 것이다.

15

교육   Education

현대로 접어들며 일어난 세상의 변화 중 하나는 모두가 학교에 다니기 시작했다는 것이다. 1800년에는 초등 교육을 받은 사람이 유럽과 북미 인구 중 5퍼센트에 불과했지만, 1900년에 이르자 90퍼센트에 달했다. 작은 마을에서부터 빈민가에 이르기까지, 선진국의 아이들은 교실에 앉아 기본적인 산수, 읽기, 쓰기를 배웠다. 인제 와서 아이들을 학교에 보낸 이유는 지난 3,000년간 아이들을 집에 가둬놓은 이유와 똑같았다. 바로 생산성 때문이었다. 현대 이전의 농경 사회에서는 아이들이 최대한 빨리 밭이나 공장에 나가는 게 가족에게 큰 보탬이 되리라 보았다. 현대 사회에서는―아이들의 수익 능력에 관한 관심은 같았지만―교육에 대한 투자가 장기적으로 성공을 보장할 최고의 방법이라 여겨졌다.

현대는 '쓸모 있는' 배움에 관심이 많았다. 현대 이전의 전통적인 세계에서는 학교에 다니는 극소수에게 성서와 고전 이 두 가지를 가르쳤다. 성서는 사람들에게 성스러움을 불어넣고자, 고전은 귀족의 품위를 가르치고자 함이었다.

하지만 새로운 세상에서는 다른 것을 요구했다. 주로 과학기술에 주된 근간을 둔 경제 제도에서 필요로 하는 역량에 초점이 맞춰졌다. 이에 따라 성 누가와 베르길리우스는 수학, 화학, 생물학, 물리학으로 대체되었다. 또한 저학년에서는 조용히 공부하고 지시에 순종할 것을 강조했다. 이는 급성장 중이던 사무와 행정 분야의 직업에 대비하기 위해서였다.

20세기에는 더 많은 혁신이 이루어졌다. 찰흙으로 물건 만들기, 뮤지컬 공연하기, 공개 토론하기 등의 활동이 아이들에게 권장되었다. 유치원에는 나무 장난감과 색색의 블록이 들어 있는 가방이 갖추어 있었다. 이러한 움직임은 겉으로는 진보적인 것처럼 보였으나, 본질적으로는 고용주의 요구에 부응하기 위한 것이었다. 특정 상업이 발전하기 위해서는 새로운 기술이 필요했기 때문이다. 학교에서 글을 쓰고 춤을 출 기회가 주어진 이유는 광고 회사와 텔레비전 프로그램 제작사의 성공을 위해 창의적인 열정과 연설 자리에서의 자신감, 집단에서의 사교성 있는 태도가 필수적으로 필요하다고 여겨졌기 때문이다.

교육 제도에서 실용성이 강조되면서 많은 현대 시민들이 중년에 이르러서(혹은 그보다 더 일찍) 자신들의 교육 과정에 상당히 많은 부분이 빠져 있었다는 놀라운 사실을 발견하게 된다. 수년 동안의 성실한 노력과 치렀던 시험에도 불구하고, 현대 시민들은 과거를 돌아보며 어째서 정말 알아야 할 것들은 학교에서 가르쳐주지 않았는지 짜증과 슬픔이 뒤섞인 감정으로 의문을 품게 된다. 원자 이론이나 프랑스어 가정법에 대한 교육이 부족했던 것에 대한 불만이 아니다. 오히려 어른의 삶에 진정으로 영향을 미칠 수 있는 것들을 왜 가르쳐주지 않았는지 의문이 들 뿐이다. 현대의 교육 제도는 생산성에 대한 열정에 사로잡힌 나머지, 인간의 행복 중 3분의 2가 정서적 상태에 따라 결정된다는 사실을 잊어버린 듯하다. 따라서 20년에 걸쳐 기술과 관리직 분야의 기량을 세세히 가르치는 것은 별 의미가 없다. 우리는 오로지 우리의 정서적 취약함이 감당하는 만큼만 만족하거나 생산적일 수 있다.

19세기 후반의 학교 사진을 보면, 조금 슬픈 표정으로 등을 곧게 편 채 줄지어 앉아 있는, 몇몇은 아주 열중하는 얼굴로 우리를 빤히 바라보는 아이들의 모습에 마음이 짠해진다. 그 짠한 감정의 일부는 그들이 살아 있을 때의 존재감과 지금은 전부 죽었다는 사실에서 비롯된다. 우리는 이들의 삶이 어떻게 펼쳐졌을지, 여덟

1900년경
영국 학교의 아이들.

살 반의 나이에 품었던 희망이 얼마나 실현되었을지 궁금해진다. 아마도 (불가피하게) 상당한 상실과 좌절을 겪지 않았을까 추측된다. 그렇긴 해도 사진사가 온 날은 얼마나 신이 났을까. 낯선 기계를 들고 온 그 아저씨를 방해하지 말라고 선생님이 얼마나 엄하게 지시했을까. 나중에 매를 맞더라도 키들거리거나 얼굴을 웃기게 찡그리고 싶은 유혹이 얼마나 강했을까.

하지만 가장 가슴 저미는 부분은 사진에 드러나 있는 복종이다. 우리는 어떤 시기든 학교의 주된 목적이 권위의 수용에 있다는 사실을 떠올리게 된다. 착한 아이는 규칙을 잘 따른다. 학교가 하는 약속은 늘 같다. 순종하고 열심히 노력하면 다음 주 화요일 시험이나 학년말고사뿐 아니라 인생 전반에서 적절한 보상을 받을 수 있다는 것이다. 선생님은 우리가 나아갈 길을 잘 알고 있으며, 그 길을 비춰줄 수 있다. 학교가 제일 잘 알고 있는 것은 학교에서 잘 지내는 방법이지만, 이는 인생을 잘 사는 것과는 미묘하지만 중요한 차이가 있다.

생산성보다는 번영을 위해, 또한 학교에서의 성공보다는 삶의 만족을 위해 설계될 미래의 교육 과정에서는 나는 누구이며, 내가 무엇에 열정을 느끼는지 깨달을 수 있도록 안내받을 것이다. 이를 통해 자신이 가진 기술을 자신에게 근본적으로 중요한 목표나 계획과 결합시킬 수 있을 것이다. 단순히 일을 하는 방법뿐만 아니라 그 일이 권위를 가진 이들을 기쁘게 하는 목적 이상의 가치를 갖는 이유에 대해서도 배울 것이다. 가족 내에서의 관계나 구조가 타인과의 상호작용 방식에 미치는 영향, 그리고 사랑하는 사람들에게 자신의 현실을 우아하게 전달하는 방법에 대해서도 배우게 될 것이다. 누구를 사랑하려고 노력해야 하는지, 그리고 어떻게 사랑해야 하는지 배울 것이다. 자신만의 진정한 진로를 위해 언제 교육 과정을 포기해야 하는지—그것이 어떤 교육 과정이든—배울 것이다. 학교 제도는 정부의 승인, 오랜 역사, 규모로 인해 엄청난 신뢰를 받지만, 그 가르침이 항상 우리의 필요와 일치할 수는 없다. 반항이라는 명분이 아니라 우리 자신의 정서적 발전을 추구하기 위해 때로 학교라는 거대한 조직에 맞서는 법을 배울 필요가 있다.

현대라는 세계는 모순적인 측면을 갖고 있다. 우리가 주의 깊게 귀 기울일 때는 많은 걸 가르치지 못하지만, 교육의 영향을 받고 있다는 걸 인식하지 못할 때는 많은 걸 가르친다. 우리가 '교육'이라 일컫는 것은 표면상으로는 어린 시절의 한정된 몇 년에 걸쳐 이루어지지만, 실제로는 이보다 훨씬 더 오래 진행된다. 우리는 계속 '교육을 받으며' 살아간다. 뉴스를 보거나 잡지를 펼치거나 영화를 보거나 광고를 지나칠 때마다 무엇이 중요한지, 어떤 감정을 느껴야 하는지, 어떤 인간이 되도록 노력해야 하는지에 대해 강력하게 배운다. 총체적으로 미디어화된 현대 사회는 하나의 교실인 셈이다. 그러나 이 교실에는 종종 아주 이상하고 도움이 되지 않는 사람들이 교단에 오르기도 한다.

정부는 우리 주위에서 일종의 교육이 일어나고 있다는 사실을 알고 있지만, 그 메시지에 개입하지 않으려 한다. 어쨌거나 '자유'의 필요성이 매우 중요하게 강조되기 때문이다. 이 '자유'라는 단어는 유서 깊은 전통을 가지고 있다. 1955년경까지만 해도 대부분의 사회 문제는 근본적으로 자유의 결여로 인한 것이었다. 자유는 교회와 인습, 악법, 구시대적 부모로부터의 해방을 위해 필요했다. 하지만 그 이후 대두된 대부분의 심각한 문제는 자유가 없어서 일어났다기보다는 자유가 너무 많아서 일어났을 가능성이 크다. 자유라는 이름으로 우리는 과식하고, 죽을 때까지 술을 마셔대고, 쓸모없는 상품에 돈을 탕진하고, 사랑하는 사람의 어린 시절을 망가뜨리고, 끝내는 자신의 삶을 망치도록 방치되었다.

이론적으로는 더 적절한 방침에 대한 지식이 있었다. 정부는 답을 알고 있었다(쓰기와 읽기에 대해 19세기 이전부터 이미 다 알고 있었듯). 그저 '자유'를 위해 우리가 실수를 저질러도 그냥 내버려두는 걸

선호했을 뿐이다.

참 애타는 일이지만, 정부는 원한다면 우리를 인도할 강력한 힘을 가질 수 있다. 거의 모든 선진국에는 납세자의 돈을 받는 대가로 고대 역사와 멸종 위기 동물에 대한 다큐멘터리를 방송하는 자랑스러운 국영 방송국이 있다. 이런 주제도 참으로 값지긴 하지만, 선진국의 기반을 약화하는 문제 중 상당 부분은 다른 곳에 있다. 이는 본질적으로 심리적인 문제이며, 우리의 깊은 사고 및 감정 패턴과 관련이 있다. 예를 들어 가족 해체, 가정 폭력, 부실한 양육, 알코올 중독, 약물 중독, 비만, 우울증, 불안, 청소년 비행, 고독 등이다.

종합적으로 보면, 정부는 국가 예산의 엄청난 부분을 이러한 문제들에 쏟아붓고 있으나, 이를 해결하는 방안을 찾는 데 있어서 여전히 땜질식 처방을 되풀이하고 있다. 끔찍하기 그지없는 공익 광고 캠페인, 10대를 위한 보충 수업, 납세 제도 개편, 사회 복지 서비스 안내, 보조금으로 이루어지는 심리 치료나 양육 방법에 대한 전단지 같은 것들 말이다. 하지만 세법이 바뀐다고 관계가 쉽게 개선되는 것도 아니고, 전단지를 읽는 사람은 별로 없으며, 공공 서비스 캠페인에 쓸 돈은 많지 않은데다, 가끔 진행하는 학교 수업 한 번으로 오랫동안 방황하던 마음이 달라질 리도 없다. 국가 차원의 심리적 병폐에 대해 효과적으로 접근하기 위해서는, 광고주들이 알고 있고 영화 제작자들이 이해하고 있듯이 매력적이고 숙련된 기술을 동원하여 반복적으로, 또한 대규모로 사람들의 마음속에 들어가야 한다. 바로 여기에 국영 방송을 대중 교육의 유용한 매체로 활용할 수 있는 절호의 기회가 도사리고 있다. 대부분의 정부에게는 손만 뻗으면 닿을 거리에 추가 비용 없이 이용할 수 있는 도구가 있는 셈이다. 이는 책이나 전단지, 수업보다 수백 배는 더 유용한 도구이다. 혁명가들은 오랫동안 이 점을 알고 있었고, 그래서 언제나 가장 먼저 텔레비전 방송국을 향해 탱크를 몰고 갔던 것이다.

긴 인류의 역사 중 불과 얼마 전까지만 해도 거의 대부분의 사람들은 학교에 가지 않았고, 읽고 쓸 줄 아는 사람은 아무도 없었다. 지난 150년간 이루어진 교육 혁신은 놀라운 결과를 불러왔다. 하지만 교육을 진정으로 존중한다는 것은 학교가 참으로 많은 결함을 안은 채 유지되고 있으며, 우리의 광대한 교육적 야망 또한 참으로 소박하게 이어져 내려왔다는 사실을 염두에 두는 것이다. 우리는 매우 짧은 시간 안에 전 국민에게 삼각법과 회계의 비밀을 가르쳤다. 미래의 도전 과제는 인간의 진정한 잠재력을 위해 정서적 절망을 일으키는 나머지 원인을 뿌리 뽑는 일이 되리라.

16

완벽주의　　　　　　　　　　　Perfectionism

인류의 문제 중 하나는 일을 골치 아플 정도로 완벽하게 해낸다는 점이다. 우리는 비범한 목표를 세우고 나서 영웅적 희생, 수천 시간에 달하는 노력, 수많은 시행착오, 강렬한 절망의 시기를 거친 뒤 과녁에 도달하고야 만다. 우리는 엄청난 위업을 이룰 수 있고, 일반적인 기대를 뛰어넘을 수 있으며, 승리할 수 있고, 경외심을 불러일으킬 수 있다. 우리는 그렇게 인류를 발전시켰다.

수많은 분야에서 점점 더 완벽함에 도달하고 있는 듯 보인다. 우리가 현대라 부르는 시대에는 기술에서부터 요리, 숙박업, 스포츠, 패션, 의학에 이르기까지 각 분야에서 거둔 업적의 수와 규모가 전례 없이 증대하였다.

업적을 읊어보자면, 항공 분야에서는 2013년에 완벽한 항공기인 에어버스 A350이 출시되었다. 축구에서는 1970년 월드컵 결승에서 브라질의 카를루스 아우베르투가 이탈리아의 골대에 완벽한 골을 넣었다. 토목기술에서는 2004년에 미셸 비를로죄가 프랑스 남부의 타른 계곡을 가로지르는 완벽한 다리를 놓았다. 코코 샤넬은 1926년에 완벽한 검은색 드레스를 선보였다. 1952년에는 피츠버그 대학의 조너스 소크와 그의 연구팀이 완벽한 소아마비 예방 백신을 개발했다. 디터 람스는 1963년에 독일 브라운사社에서 완벽한 탁상 라디오인 'RT20'을 설계했다. 스위스의 그래픽 디자이너 아드리안 프루티거는 1957년에 완벽한 서체인 '유니버스'를 디자인했다. 제빵사 피에르 에르메는 2005년에 피에드몽트 헤이즐넛과 브르타뉴 크레페덴텔의 얇디얇은 층으로 이루어진 완벽한 페이스트리 '2000 푀유 프랄리네'를 만들었다. 1989년에는 인텔이 완벽한 마이크로프로세서 '인텔 80486'을 출시했다. W. H. 오든은 1938년에 완벽한 시 「미술관」을 써냈다. 러더퍼드는 1911년에 자신의 원자 모델로 물리학에서 완벽한 분석을 이루어냈다. 아만 그룹은 2009년에 유타주에 완벽한 호텔 '아만 기리'를 개장했다. 록 밴드 제네시스의 토니 뱅크스와 피터 게이브리얼은 1973년에 완벽한 곡 'Firth of Fifth'를 써냈다. 에릭 로메르는 1986년에 완벽한 영화 〈녹색 광선〉을 찍었다. 스티븐 쇼어는 1977년에 플로리다주 탬파의 코즈웨이에서 완벽한 사진을 찍었다.

우리 인간이라는 종에게 완벽을 추구하는 것이 불가능하거나 권할 만한 일이 아니라고 말해봐야 별 소용이 없다. 바흐의 미사곡 '우리에게 평화를 주소서'의 마지막 화음이 킹스 칼리지 성당에 메아리치거나 우주 왕복선 아틀란티스호의 화물칸 문이 열리면서 탐사선 갈릴레오호가 목성의 위성 지도를 그리는 여정을 떠나기 위해 사출되었을 때 완벽주의, 이 초월과 무결점을 향한 집착과 갈망이 실은 어리석은 추구일 수 있다고 얘기한들 별 쓸모가 없는 것이다. 그럼에도 현대 사회가 무비판적으로 공동의 목표로 떠받들고 있는 완벽을 향한 추구가 심각한 위험을 내포하고 있다는 사실을 강조하는 것은 무척 중요하다. 우리는 완벽한 순간을 누릴 수도 있고, 완벽한 업적을 달성할 수도 있지만, 이 지구에 살아온 그 어떤 사람도 완벽한 인생을 살아본 적은 없다.

완벽이라는 스펙트럼에서 보다 숭고한 영역에 속해 있는 위대한 예술가, 과학자, 요리사, 공학자의 전기를 읽다가 그들의 추악한 이혼과 이기적인 교우관계, 혐오스러운 정치관과 형편없는 자녀 양육에 관한 이야기를 들으면 놀랄 수밖에 없다. 우리는 어떤 인간이 그가 창조한 것만큼이나 완벽하기를 기대한다. 우리가 완벽한 대상과 업적에 사로잡히는 이유는 우리가 인종으로서 그리고 개인으로서 애초에 불완전한 존재이기 때문이다. 만약 우리가 일상적으로 사는 곳이 바흐의 음악이나 보들레르의 시처럼 완벽한 수준이라면 그런 것에 그렇게 감동하지는 않을 것이다.

우리의 눈물은 완벽이야말로 우리가 바라는 것이자 겨우 붙들고 있는 것이라는 중요한 사실을 말해준다. 우리는 얼음같이 찬 반짝이는 봉우리에서 머물 수 없다. 가끔 그곳에 오를 수는 있지만, 우리의 진정한 거주지는 저지대 습지와 안개 낀 숲이다. 우리가 가진 것이라고는 진흙투성이 발과, 아주 희귀한 경우이기는 해도 상처 입은 천사의 날개뿐이다.

현대 시대의 이중성이 우리를 혼란스럽게 만들었다. 이는 인류의 가장 영웅적인 업적에서부터 일반화되었다. 현대는 천재성과 영감, 재능과 선량함을 대중적인 것으로 퍼뜨리려 노력했다. 인간의 삶 자체가 완벽해질 수 있는 현상이라면서 몇 가지의 발견과 기술혁신만 이루어진다면 모든 주름살이 펴지고 밝게 빛나는 불멸의 영역으로 갈 수 있다고 상상하게 만들었다.

참 멋진 소리 같지만, 이로 인한 여파는 재앙에 가깝다. 이런 집단적인 꿈 때문에 개인에 불과한 우리는 심하게 고통을 받게 된다. 완벽주의자의 세상에서는 가장 평범한 존재로 살아가는 것만으로도 무능하고 굴욕적인 기분이 든다. 결함, 강박, 실수, 불합리함으로 가득 찬 우리는 어느 저주받은 밤에 쉼 없이 자신의 결점을 곱씹으면서 자신을 용서할 수 없는 존재로 여기게 된다. 우리에게 진정으로 필요한 것은 지금 우리가 존재하는 방식이야말로 우리가 가진 유일한 가능성임을 상기하는 것이다. 비틀거리고, 실수하고, 후회하고, 뒤늦게 깨닫는 것이야말로 불완전하게 진화한 대부분의 미욱한 동물들의 고유한 특성임을 되새겨야 한다.

우리 시대보다 기술적인 면에서 원시적이고, 완벽한 성취를 이루지 못한 다른 시대 사람들은 지금의 우리보다 핵심을 더 잘 간파

외젠 들라크루아, 〈메데이아〉, 1838년

했다. 고대 그리스인들은 오늘날 '비극'이라 일컫는 예술 장르를 창조했다. 비극을 통해 인간의 최고 경지에 오른 위대한 전사나 정치가, 시인, 웅변가도 결국 지극한 결점을 갖고 있으며, 특히 그들이 그 사실을 인정하지 않을 때 그 결점이 더욱 크게 드러난다는 사실을 상기시키고자 했다. 펠로폰네소스반도 전역에서 공연된 비극 작품들 속 피에 물든 이야기들은 유능하고 존경할 만한 사람들의 삶을 망가뜨린 판단 착오, 심리적 맹점, 과도한 분노, 완고한 성격에 대해 이야기한다. 교훈은 분명하다. 그 누구도 인류의 일반적인 법칙을 벗어날 수 없다는 것이다. 중대한 실책이나 잘못 없이 인생을 헤쳐 나갈 수는 없으며, 우리는 본질적으로 미숙하고 상처받은 존재임을 의미한다. 참된 지혜는 자신과 타인이 이러하다는 점을 온전히 받아들이는 순간 시작된다. 그러한 자세에서 자기용서와 연민, 동정이 자라날 수 있다.

유대-기독교 전통의 메시지 또한 그리스 비극만큼이나 엄숙하고 교훈적이었다. 어떤 인간도 완벽해질 수 없으며, 그러한 일이 가능하다고 상상하는 것은 우주의 법칙을 위반하는 것이었다. 완벽한 존재는 오로지 한 분이며, 우리의 짧은 전성기는 단지 그분의 은총에 따른 결과일 뿐이다. 신학자 성 아우구스티누스는 한때 융성했던 로마 제국의 쇠퇴기에 썼던 글에서 모든 인간이 '원죄'라는 오염에 물들어 있다고 했다. 이 문구는 구시대적이고 별나지만 무척이나 유용하다. 이는 아담과 하와가 저지른 죄로 인해 그들의 후손 전부가, 다시 말해 이러저러해서 운이 없었던 사람만이 아닌 우리 모두가 완벽한 삶을 기대할 수 없게 되었다는 의미다. 우리는 구원을 찾아 헤매는 죄인이다.

기독교인들로부터 수천 킬로미터 떨어진 곳에 있던 불교 신자들 역시 비슷한 시기에 동일한 주장을 내놓았다. 불교 신자들에게도 삶이란 고통으로 얼룩지고 미망과 오류로 점철된 불완전한 여정이었다. 일본의 선불교는 이 점을 새삼 되새기고자 불완전한 것들 속에서 독특한 아름다움을 찾아내는 예술적 전통을 시작했다.

찻종, 일본, 19세기.

세브르 도자기 수프 그릇,
1861~1864년경

장인의 손길이 남아 있는 비스듬한 도기, 빗방울에 얼룩진 지붕 기와, 이끼가 무성한 정원 길, 띠처럼 펼쳐진 안개 사이로 소나무가 언뜻 보이는 비 오는 날 등등이다.

서양의 완벽주의자적 감성과 선불교 도공의 겸손한 태도 사이의 차이를 느끼고 싶다면 왕립 세브르 도자기 공방에서 제작한 이상적으로 대칭을 이루는 수프 그릇과, 같은 시기 일본에서 만든 찻종을 비교해 보면 된다. 수프 그릇은 인생이란 완벽할 수 있는 여정이라는 점을 조용히 확신시켜 준다. 야채 콩소메 수프를 떠먹을 때, 이 그릇은 균형과 조화의 이상에 대한 설교를 들려준다. 하지만 일본의 사랑스럽게 비뚤배뚤한 찻잔을 입술에 가져다 대면 제멋대로이고 분열된 자아를 품위 있게 수용해야 한다는, 어찌 보면 더 가치 있는 교훈을 듣게 된다. 우리가 몇 가지 완벽한 것을 만들었을 수는 있다. 그렇다고 해서 과학 공식이나 로켓, 노래 같은 대상에서 기대하는 바를 스스로에게도 기대해서는 안 된다. 우리가 만든 최고의 창조물을 기준으로 자신을 판단해서는 안 된다는 소리다.

현대의 기세에 맞서기 위해서는 불완전함의 철학이 인생 전반에 적용되어야 한다. 인간관계에서는 포용과 유머가 근간이 될 수 있으리라. 일찍이 자기가 완벽에 가까운 존재이며 나날이 발전하고 있다고 말하는 사람은 사람들에게 경종을 울리는 존재다. 그들은 금세 참을 수 없는 사람이 될 것이며, 늘 속을 알 수 없는 사람으로 남을 것이다. 서로의 취약함과 두려움을 인정할 수 있어야만 본질적인 이해와 연결로 이어질 수 있다.

우리가 사랑에서 추구하는 바는 완벽한 존재가 아니라, 수많은 결점을 적절한 때에 통찰력 있게 짚어줌으로써 우리가 그에 적응하고 수용할 수 있도록 도와주는 사람이다. 그들이 우리에게 그렇게 해주기를 바라듯이 말이다. 사랑을 받는 입장에서, 누군가가 우리를 경외하기보다는 우리의 단점을 명확히 바라보면서도 너그럽고 따스하게 대해주기를 간절히 원한다.

일터에서 불완전함의 철학은 적당히 괜찮은 것을 생산하는 데 얼마나 오랜 시간이 걸릴지 준비시키는 역할을 할 수 있다. 소설, 사업 계획, 그림, 혹은 발전소 등이 단숨에 뚝딱 이루어지기를 기대할 수는 없다. 차질에 대비하여 예산을 책정함으로써 일어날 수밖에 없는 좌절의 과정을 받아들일 준비를 해야 한다. 결국 완벽해 보이는 것은 추하고 혼란스럽고 구제 불능처럼 느껴지는 긴 시간을 반드시 거쳐야 한다. 우리는 처음부터 일이 힘들고 고통스러울 것이라고 예상하였기에 쉽게 포기하지 않을 것이다.

우리 자신과 관련하여, 불완전함의 철학은 모종의 자기 연민을 일으킴으로써 사람들이 병원을 멀리하도록 해준다. 물론 우리는 인생의 상당 부분을 엉망진창으로 만들고, 중요한 기회를 놓치며, 어리석은 짓을 저지른 적이 있다. 상상력이 있는 사람이라면 과거를 돌아보았을 때 그 시절의 자기 모습 앞에서 극심한 괴로움을 느끼지 않기가 어렵다. 하지만 실수에 책임을 지는 것과 그 실수가 우리를 구제 불능의 지경에 이르게 하리라 느끼는 건 다른 문제다.

인간의 완전함을 믿는 것은 더 높은 기준을 성취할 때 버틸 수 있도록 돕는 방법이 아니다. 그것은 파탄에 이르는, 심각하게 불운한 상황에서는 자살에까지 이르는 길이다. 우리가 그리 대단치 않은 피조물이라는 사실을 인정하지 않는 것만큼 현명치 못한 일은 없다.

마지막으로, 불완전함의 철학은 어린아이에게 절실하다. 영국의 아동 정신분석가 도널드 위니콧은 자신이 만난 많은 부모들이 자신들의 역할을 완벽하게 수행하지 못했다는 점에 대해 걱정하는 것을 보고 충격을 받았다. 부모들은 자신들이 때로 피곤해하고, 참지 못하고, 무관심하고, 냉소적으로 굴었다는 사실을 인정하며

얀 호사르트,
〈나이 든 부부〉, 1520년경

죄책감을 느꼈다. 위니콧은 그들에게 장난스럽게 축하의 말을 건넸다. 그는 완벽한 부모를 가진 아이들은 정신병에 걸리기 쉽다고 말했다. 부모의 임무란 완벽해지는 것이 아니라 아이에게 삶에서 일어나는 불완전한 상황을 대비할 수 있도록 자상하게, 하지만 가능한 철저하게 준비시키는 것이라고 설명했다. 즉 이상주의로 가득한 이 작은 인간들에게 좌절이란 고질적인 문제이고, 그릇은 식탁에서 떨어져 산산이 부서지게 마련이며, 테디 베어 인형의 눈은 사라지기 십상이고, 자동차 여행은 너무 오래 걸리며, 부모는 놀랄 만큼 짜증 나는 사람들이고, 엄마는 어리석고 아빠는 바보 같으며, 숙제는 지나치게 많고, 앞으로 겪을 수많은 경험이 쓰라릴 것이며, 사람은 결국 늙어서 죽는다는 사실을 받아들이도록 도와야 한다는 것이다. 그 이상은 필요 없다고, 위니콧은 1953년 출간한 저서 『놀이와 현실Playing and Reality』에서 주장했다(이 해에 믿기 어려울 정도로 완벽한 상자인 컬러텔레비전이 발명되었다). 그의 유명한 공식에 따르면 부모는 그냥 '적당히 괜찮은' 정도면 된다. 우리는 적당히 괜찮은 부모, 노동자, 배우자, 친구, 인간은 될 수 있다. 그것으로 충분하다.

현대 사회는 사람들에게 더 높은 목표와 야망을 갖도록 부추겼다. 그러나 우리가 변함없이, 그리고 늘 어리석고, 실수투성이이며, 굉장히 우스꽝스럽다는 사실을 상기시켜 주지 않으면 대규모의 정신적 혼란에 빠질 위험이 있다.

아메데오 모딜리아니,
〈아이와 앉아 있는 여성(모성애)〉,
1919년

17

과학과 종교　　Science and Religion

일반적인 세속의 영웅 이야기에 따르면, 현대가 시작되고 불과 몇십 년 만에 과학은 엄밀함과 탁월함으로 종교를 물리치고, 그리하여 인간을 무지와 미신으로부터 영원히 해방시켰다고 한다. 이 영웅 이야기에서 종교는 수 세기 동안 본질적으로 아주 형편없는 과학적 해석을 해왔다. 종교는 지구의 나이가 얼마인지(4,000년), 우주에 태양이 몇 개 있는지(하나), 진화가 어떻게 시작되었는지(신이 명하셔서), 무지개가 왜 존재하는지(우리에게 신과 노아의 이야기를 상기시키기 위해) 등에 관해 설명해 왔다고 주장했다. 하지만 이 비참한 시도들은 과학이 이성을 동원하여 현실을 탐구하고, 반계몽주의적 성직자에 맞서 주장을 내세우고, 종교를 거미줄이 쳐진 다락방으로 몰아내면서 마침내 끝이 났다. 과학은 종교를 대체하기보다는(그럴 필요는 전혀 없었으니까) 인간의 의식에서 종교로 인한 영향을 완전히 치워버렸다. 그 결과, 이제 우리는 두려움이나 굴종 없이 살아가면서, 끊임없이 점점 더 놀라워지는 과학 기술적 혁신의 혜택을 누리게 되었다.

이 이야기는 강력하고 매혹적이며, 기분 좋은 승리감을 안겨 준다. 하지만 이것은 사실이 아닐 수도 있다. 이 이야기는 종교의 목적을 의도적으로, 그리고 교묘하게 왜곡하고 있다. 종교가 과학처럼 세상에 대한 이해 추구를 목적으로 해왔으며, 그 역할을 제대로 수행하지 못했다고 지적한다. 과학이 망원경, 피펫, 원심분리기, 측정 도구와 방정식을 동원하여 현명하게 연구를 진행했던 반면, 종교는 달랑 고대에 쓰인 (누가 봐도 착란 상태에 빠진 글귀들이 적힌) 책 한 권의 도움을 받아 우주의 작동 방식을 해석하려 들었다는 것이다.

하지만 사실 종교는 과학이 하는 일에 관심이 없었다. 종교가 지질학에 대한 괴상한 이론을 제기하기도 하고, 가끔은 기상학이나 항공학에 대해 언급하기도 했지만, 본질적으로 물리적 현실을 설명하는 데 초점을 맞춘 적은 없다. 종교는 그와는 전혀 다른, 보다 목표가 명확한 사명에 관심을 쏟았다. 즉 우리에게 인생의 어려움을 견딜 수 있게 해주는 이야기를 들려주고 싶어 했다. 공포, 수치, 후회를 마주했을 때, 당혹과 슬픔이 나타났을 때, 우리가 다음 날까지 버티는 데 도움이 되는 의지할 만한 이야기를 전하는 데 관심이 있었다. 우리가 악의와 이기심의 유혹에 빠지지 않도록 도와줄 수 있는 생각들을 제공했다. 우리가 너무도 자주 불가능하고 비극적인 인간적 조건에 직면했을 때도 시각을 넓히고 마음의 평온을 찾도록 격려하고자 했다.

과학의 옹호자들은 이러한 점을 죄다 놓친 것처럼 보였고, 종교를 그저 물리학, 화학, 생물학의 결함투성이에 어리석기 짝이 없는 선구적 형태 정도로 간주했다. 하지만 19세기 초엽부터 선견지명이 있는 관찰자들은 종교란 항상 과학과는 다른 것으로서 인류의 내적 삶을 돌봐왔으며, 종교의 퇴조는 물리적 현실에 대한 이해 이상의 의미를 담고 있다는 점을 잘 알고 있었다. 번개의 원리나 밤하늘의 특성을 깊이 이해하는 것이 이득이 될 수도 있지만, 그와 동시에 존재의 고뇌를 다스릴 수 있는 핵심 자원을 상실할 위험에 처할 수도 있는 것이다. 오로지 과학만 손에 쥐고 있다면 위안을 구하는 우리의 마음은 어찌 될까? 밤에 밀려오는 두려움에는 어찌 대처할까? 죽음이라는 운명을 어떻게 받아들일 수 있을까? 만족과 평화는 어디서 찾을 수 있을까?

이러한 질문에 과학은 보통 어깨를 으쓱하고 만다. 이것은 과학의 관심사가 아니며, 이 분야에 종사하는 사람들에게는 절박한 질문도 아니었다. 하지만 개중 어떤 이들, 아마도 괴로움도 크고 내면도 연약했을 이들은 다른 의견을 품었다. 그들은 과학 지식의 현 상태와는 관계없이 인간은 삶을 견디게 해줄 이야기가 필요하다는 걸 알고 있었다. 수소의 끓는점(섭씨 영하 252.87도)을 안다고 해서 위안이나 전망에 대한 욕구를 그 즉시 없앨 수는 없으며, 원자의 구조를 이해한다고 해서 한밤중에 의지하여 마음을 달랠 만한 사려 깊은 무언가에 대한 갈망이 줄어드는 것도 아니다. 종교에서 위안을 얻고 과학으로 진실을 밝히려는 이 이중의 욕구가 전례 없는 방식으로 교묘하게 결합했던 드문 시기가 있었다. 영국에서는 19세기 중반 30여 년 동안, 종교가 개척한 윤리와 심리적 치유 계획에 과학적 요소를 연결하려는 고도로 의미심장한 시도가 다양한 분야에서 이루어졌다. 이 계획은 종교가 지난 몇 세기 동안 아주 잘해 왔던 일, 즉 우리를 자아 수용, 평온, 용서, 마음의 평화로 인도하는 데 이바지한 일들을 과학이 수행할 능력이 있는지 파헤쳐 보고자 했다. 과학은 종교의 핵심 기능을 무시하는 대신, 나름의 관점에서 종교를 능숙하고 지혜롭게 대체할 수 있었다.

이 독특한 접근법의 정점은 바로 1860년 옥스퍼드대학교의 자연사박물관과 1881년 런던의 영국 국립 자연사박물관의 설립이었다. 두 곳 모두 과학의 최신 발견을 대중에게 선보이고자 설립되었다. 척추동물과 무척추동물, 암석, 광물의 보고를 공개했으며, 곰, 여우, 사자의 박제, 고래와 거대한 공룡의 뼈, 장미반지 앵무새와 극락조가 든 캐비닛을 전시했다. 일명 '검은 바다의 악마'인 멜라노케투스 물고기와 쥐덫물고기(말라코스테우스 니제르)의 보존된 사체도 볼 수 있었다. 화석화한 암모나이트와 완족동물이 남긴 자국, (런던에서는) 딱정벌레 표본으로 가득 찬 2만 2,000개의 서랍도 있었다.

대중은 그곳에서 강의만 들었던 건 아니다. 한때 종교의 역사에서 얻었던 것과 비슷한 종류의 영감을 발견하라는 권유를 받았

다. 건축 양식은 이 개념을 특히 명확히 드러냈다. 두 기관 모두 교회와 구별할 수 없는 외관을 가졌다. 로마네스크 양식으로 건축되었는데, 정교한 주랑 현관, 회중석, 풍성하게 무늬를 짠 기둥을 갖추고 있었다. 천장도 높았다. 런던의 박물관에서는 본관 중앙에 서서 52미터 위를 올려다보면 사도와 성가족을 묘사한 그림 대신 레몬나무, 대추야자, 붓꽃, 진달래, 해바라기, 목화나무에 이르기까지 지구의 온갖 식물학적 경이로움이 162개의 패널에 그려져 있는 모습을 볼 수 있다.

국립 자연사박물관 초대 관장인 리처드 오웬 경은 박물관의 사명을 명확히 제시했다. 그의 표현에 따르면 박물관은 과학의 '대성당'이 되어야 했다. 박물관에서도 위로, 영감, 전망을 추구할 수 있었으며 슬픔, 배은망덕, 의기소침한 마음을 없앨 수 있었다. 산업화에 혹사당한 현대 인류의 영혼에 새로운 위안이 제공되었다. 과학은 우리의 욕구와 갈망, 외로움, 두려움을 외면하지 않았다. 과학은 유사한 구조를 가진, 다만 좀 더 이성적인 근거에 바탕을

힌츠 홀의 천정 패널,
영국 국립 자연사박물관,
런던, 1881년

힌츠 홀,
영국 국립 자연사박물관,
런던, 1881년

둔 일련의 해답을 통해 도움을 줄 준비가 되어 있었다.

이러한 시도는 매혹적이고 유익했지만, 초기 이 '대성당'들의 아름다움에도 불구하고 이러한 접근 방식은 인기를 끌지 못했다. 과학 박물관들이 점점 더 많이 개관함에 따라, 그들은 교회보다는 생물학 분야의 진로를 고려하거나 아이들을 교육할 때 방문하는 정규 교육 기관에 더 가까워졌다. 과학은 우주, 우리 행성, 그 행성에 거주하는 다종다양한 생명체에 대해 알아내는 과업을 꾸준히 수행했다. 반면 과학의 발견과 인류의 영적 갈망 사이에 다리를 놓는 일에는 소홀했다. 그 결과 현대의 삶에서는 소외와 환멸이 계속 이어졌다. 과학이 '진실'을 밝혀냈을지는 몰라도, 그 승리로 인해 사람들은 내적으로 허기지고 황폐해졌다는 불평의 목소리가 점점 더 커졌다.

그러한 절망은 부당하다. 제대로 보자면 과학은 정신적 풍요의 적수였던 적이 없다. 사실 건축, 예술, 문학, 영화 같은 다양한 방법을 통해 과학에 접근하고 이를 이해하려고 할 때, 과학은 종교에서 발견할 수 있는 것들과 유사한 수준의 아이디어를 산출할 것이다. 그 아이디어들은 우리에게 위안과 영감을 줄 수 있으며, 우리 삶에 적용되고 우리가 겪는 고통과 관련이 있을 수 있다. 과학이 밝혀낸 사실들이 종교가 시작한 심리 치료 계획의 종말을 의미할 필요는 없다. 오히려 계획을 수정하고, 개선하고, 확장할 수 있다. 과학자들이 직접 작업에 착수하거나 대중에게 공표하는 방식이 아닐지라도, 과학 연구의 결과물은 윤리적이고 심리적인 세부 사항을 정교히 다듬는 데 완벽히 들어맞는다.

다시 말해, 한때 종교에서 찾던 아이디어를 과학에서 찾을 수 있지 않을까 기대해 볼 수 있다. 이는 현대의 일부 병폐를 완화하는 방법이 될 수도 있다. 적어도 일곱 가지 커다란 아이디어가 나올 수 있다…….

1 ── 관점 | 우주의 규모

우리는 관점을 잃을 위험에 항상 처해 있다. 종종 우리의 고민, 희망, 두려움, 그리고 지위를 지나치게 중시하거나 크게 여기는 경향이 있다. 우리의 큰 공포 중 하나는 타인의 경솔하거나 무분별한 행동으로 인해 자신이 '작게 느껴지는' 상황에 처하는 것이다. 불안을 해결하기 위해서는 자신의 중요성을 부풀리는 게 아니라 오히려 더 줄여야 한다. 마음의 평화는 우리의 지위를 높이는 확실한 방법을 찾는 데서 오지 않는다. 오히려 우리의 존재와 행동에 연관된 모든 것을 바라볼 수 있는 충분히 높고 먼 시각을 발견하는 데서 나온다. 그 관점을 통해 우리라는 존재가 세상 모든 것에 대해 축복받고 감사할 만큼 중요하지 않다는 것을 깨닫게 된다.

과학은 이러한 조정 과정에 도움을 주었다. 예전에 인간은 지구가 우주의 중심이며, 우리 자신이 천지 만물의 중심이라고 믿었

아름다운 종말 : 아벨 33 성운

다. 그러다 차츰, 내키지는 않았지만, 우리가 사는 곳이 몇몇 행성 중 하나일 뿐이며, 태양이 우리 주위를 도는 게 아니라 우리가 태양 주위를 돌고 있을지도 모른다는 사실을 받아들였다.

거기서부터 시작된 과학의 발전은 우리를 점점 더 하찮게 만들었고, 이는 우리의 심리와 자아에 엄청난 이론적 이익을 가져왔다. 1672년 이탈리아 천문학자 카시니는 지구와 화성 사이의 거리를 최초로 측정했고, 이로써 (당시 '우주'라 여겨지던) 태양계가 그리스 철학자들이 생각했던 것보다 스무 배는 더 크다는 놀라운 사실을 발견했다. 99년 뒤, 프랑스 천문학자 제롬 랄랑드는 지구와 태양 사이의 거리가 정확히 9,300만 마일*이라고 측정했다. 1838년, 독일 천문학자 프리드리히 베셀이 별까지의 거리를 처음으로 정확히 측정하면서 인류는 우주의 대략적인 규모에 대한 감을 잡게 되었다. 그가 측정한 거리는 10광년이었다.

* 약 1억 5,000만 킬로미터.

오랫동안 우리는 우주가 상대적으로 비어 있는 장소라고 상상해 왔다. 서기 700년경 둔황에서 제작된 별 지도에는 중국 천문학자들이 맨눈으로 관찰한 1,300개의 별이 기록되어 있다. 1729년에 나온 존 플램스티드의 〈천구도보〉는 3,000개의 별이 수록된 별 지도다. 1903년에 이르자 독일 천문학자들은 별의 숫자를 32만 4,000개까지 끌어올렸다.

하지만 1960년대에 이르러서야 우리는 우리가 참으로 작고 하찮은 존재라는 걸 깨닫게 되었다. 우리 은하인 은하수에는 대략 1,000억 개의 별이 있고, 관측 가능한 우주에는 100억 개의 은하가 있으며, 각 은하에는 평균 1,000억 개의 별이 포함되어 있다는 사실이 밝혀졌다. 이를 모두 합하면 약 1,000,000,000,000,000,000,000(1백경)개의 별이 있다는 뜻이다.

정신없이 바쁜 도시 생활 속에서 매일 변함없는 일상을 보내다 보면 관점을 잃게 된다. 이럴 때 우리에게는 철학 수업이나 교회

예배가 필요치 않다. 허블 우주 망원경으로 찍은 사진 한 장과 함께 잠시나마 조용한 시간을 갖는 것이 필요하다. 그리고 우리 자신이 늘 두려워했던 그대로 우리가 아무것도 아니라는 사실을 상기하면 된다. 이 깨달음은 두려움을 넘어 영광스럽고 구원적인 경험이 될 것이다.

2 ── 모든 것이 헛되도다 | 열역학 제2법칙

우리가 기울이는 노력의 상당수는 시간을 초월해 우리 자신을 불후의 존재로 남기고자 설계되어 있다. 우리는 우리의 일을 통해 살아남으려고 노력하며, 생물학적 자아보다 더 오래 지속될 무언가를 만들기 위해 애쓴다. 종교는 이 소모적이고 허무한 어리석음에서 우리를 풀어주고자 전도서 1장 2절의 말씀처럼 모든 것이 헛되다는 점을 자상하게 상기시켜 주곤 했다. 때로는 해골이나 파헤쳐진 묘를 통해 이 점을 더 강력하게 전달하기도 했다.

종교가 유보된 상황에서, 과학은 이 성경적 개념을 더 강력하게 표현하였다. 열역학 제2법칙이 바로 그것이다. 19세기에 처음 밝혀진 이 법칙은 모든 닫힌 계system는―우주도 이 계의 일부다― 시간이 지남에 따라 에너지를 모두 소진하여 마침내 완전한 정지 상태에 도달하려는 경향이 있음을 의미한다. 10^{106}년 정도로 추산되는 충분한 기간이 주어지면 우리 우주와 우주가 속한 은하의 초은하단은 모두 붕괴하여 과학자들이 '암흑기'라 부르는 시기로 진입할 것이다. 개인적으로든 우주적으로든 엄청난 소동이 벌어진 뒤에는 광자와 경입자로 이루어진 희박한 가스 외에는 아무것도 남지 않을 것이다.

우리와 가까운 곳의 상황도 별반 다를 게 없다. 태양의 중심은 거대한 엔진처럼 섭씨 1,500만 도에서 타오르고 있다. 태양은 45억 년의 나이를 가졌으며, 별의 평균 안정 수명은 80억 년에 불과하다.

상황을 더 복잡하게 만드는 것은 태양의 밝기가 10억 년마다 10퍼센트씩 밝아지면서 지구를 점점 더 뜨겁게 달구고 있다는 사실이다. 10억 년 뒤에는 태양의 증가된 밝기로 인해 바다가 증발하고 모든 생명의 생존이 불가능해질 것이다. 40억 년쯤 뒤에는 수소가 바닥나면서 태양은 '적색 거성'으로 변할 것이다. 이때 태양은 화성에 닿을 만큼 부풀어 지구를 흡수하고 파괴할 것이다. 태양의 외층은 우주로 흩어져 행성 성운을 형성할 것이다. 남은 핵은 조밀하고 안정적인 '백색 왜성'이 되어 20억~30억 년간 열을 방출할 것이다.

나사NASA의 도움으로 얻은 결론에 따르면 모든 것은 헛되다.

3 ── 생명의 회복탄력성 | 다섯 번의 대멸종

우리, 그리고 우리에게 중요한 대부분의 것들이 앞으로 영속할 수 있을지 걱정하기 십상이다. 이때 가장 친절하게 건넬 수 있는 조언은 모든 게 다 괜찮고 대격변은 피할 수 있다고 암시하는 것이 아니다. 오히려 우리 행성에서 대규모의 파멸이란 얼마나 흔한 일인지 이해하고, 그럼에도 생명은 지속되어 왔다는 사실에 기쁨을 느끼는 것이다. 생명이란 궁극적으로 특정 시점에 존재하는 세포적 생명체보다 훨씬 더 끈질긴 과정이기 때문이다. 개인과 생물종은 소멸할지 모르지만, 생명 그 자체는 (태양이 다 타버리기 전까지는) 살아남을 것이다.

우리는 우리보다 앞서 존재했던 수천 종의 화석화한 유해와 석화된 유체 위에 서 있다. 더 나아가 더 많은 종들이 우리 뒤를 이어 나타날 것이다. 충분히 거리를 두고 멀리서 보면, 우리는 끝이 아니기 때문에 현재 존재하는 것에 그렇게 예민하게 집착해서는 안 된다. 우리는 강물의 장기적인 방향과 자신을 동일시하는 법을 배워야 한다. 현재의 거센 소용돌이 안팎에서 불안정하게 떠 있는 우리의 연약한 배를 너무 강하게 붙들지 말아야 한다. 지난

5억 4,000만 년 동안 다섯 번의 대멸종이 다세포 생물을 괴롭혔다. 지구는 위험한 곳이며, 지금도 그렇다. 우리는 특별히 격동적인 시기에 살고 있지 않다. 평화란 그저 단기적 사고로 인한 실체 없는 부산물일 뿐이다. 4억 5,000만 년 전 오르도비스기의 대멸종은 소빙하기를 야기했는데, 이때 대부분의 삼엽충, 완족류, 갯나리류, 필석류를 포함한 지구 생물종의 70퍼센트가 사라졌다. 3억 7,500만 년 전 데본기 대멸종 때는 당시 생물종의 70퍼센트가 또 사라졌다. 2억 5,200만 년 전의 페름기 대멸종으로 바다 생물종의 95퍼센트, 육지 생물종의 70퍼센트가 사라졌다(이 중에는 등에 지느러미가 달린 파충류인 펠리코사우루스와 포유류와 비슷한 거대 생물 모스콥스가 있었다). 하지만 생명은 항상 그랬듯 계속 이어졌다.

세포 차원의 존재가 다시 차근차근 둥지를 불려 나갔고, 지구는 겉으로 보기에는 고요해진 듯했다. 하지만 이 역시 착각이었다. 2억 1,000만 년 전, 초대륙 판게아의 균열로 인하여 트라이아스기 대멸종이 일어났다. 이 과정에서 완족류, 갑각류, 피토사우루스가 사라졌다. 마지막으로 가장 유명한 백악기 대멸종이 6,550만 년 전 일어났다. 공룡, 익룡, 모사사우루스, 플레시오사우루스, 우아한 어룡이 모두 사라졌다.

인간이라는 특정 생명체가 지속되리라 기대해서는 안 된다. 우리는 시간이 갈수록 흐려지는 잉크로 글을 쓰고 있는 것과 비슷한 처지다. 결국에는 우리도 사라지겠지만, 생명 그 자체는 굳건히 버틸 것이다. 수억 년 안에 우리와 비견할 만한, 하지만 아마 조금 더 친절하고 꽤 많이 지적인 생명체가 우리를 대체할지도 모른다. 그들은 새로운 세대의 과학 대성당에 전시된 진열장 앞에서 연민과 따분함이 뒤섞인 마음으로 우리의 유해를 바라보며 주말을 보낼 것이다.

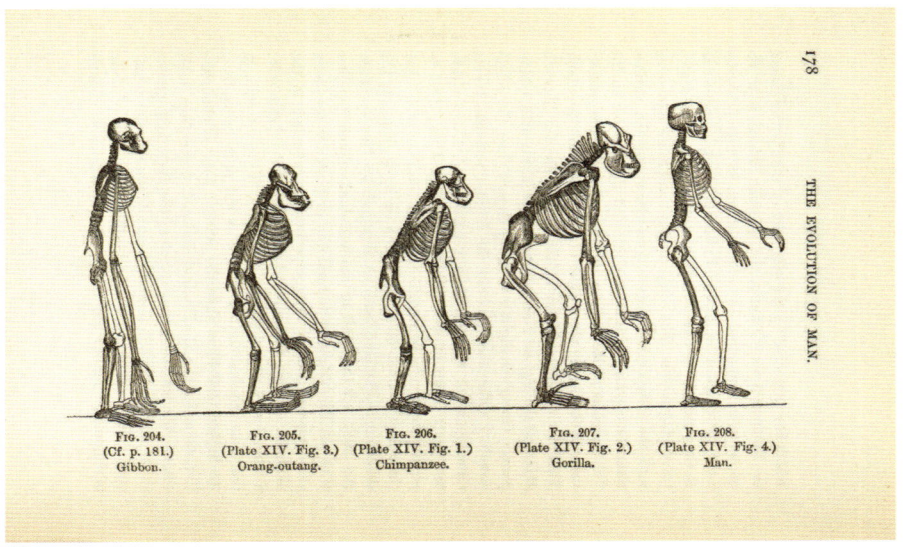

4 ── 용서 | 진화

우리 자신과 동료에게 성질을 부리고 싶은 유혹이 찾아올 때가 있다. 어째서 우리는 더 합리적인 인간이 되지 못할까? 어째서 이렇게 편견에 차 있을까? 왜 그렇게 남의 생각에 신경을 쓸까? 왜 툭하면 불안해할까? 왜 그렇게 많이 먹을까? 왜 그렇게 포르노에 관심이 많을까?

우리의 악한 본성을 강조하는 설명을 찾고 난 다음, 우리의 자제력 결여를 모질게 비난하고 싶은 유혹도 같이 찾아온다. 결국 우리는 자신을 혐오하게 되고, 남들에게도 비판적이고 날 선 태도를 취하게 된다.

하지만 과학은 종교보다 훨씬 효율적으로 용서의 기술을 가르쳐주고, 비판의 충동으로부터 우리를 자유롭게 해준다. 물론 우리는 우리가 누리길 바라 마지않는 삶, 문명화되고 지적으로 복잡한 삶에 이상적으로 적응했다고 보기에는 좀 모자란다. 우리는 대체

에른스트 헤켈의
『인간의 진화』에 수록된
삽화, 1879년

로 제정신이 아니며, 강력한 충동의 희생자이고, 두려움에 가득 찬 채 저급한 욕망에 내몰리며 산다. 다른 일을 하거나 다른 존재가 될 시간은 거의 없다.

인류는 약 20만 년 전 아프리카에서 현재와 거의 비슷한 형태로 출현한 것으로 추정된다. 이 시기에는 대부분 작은 집단을 이루어 살았고, 식량을 찾아다녔으며, 원시적이고 간단한 소리로 의사소통하고, 다른 사람이 말을 멈출 때까지 기다리지 않았다. 줄곧 싸웠고, 모든 것에 두려움을 품었으며, 거의 아무것도 이해하지 못했다. 의자에 오랜 시간 가만히 앉아 있지를 못했고, 딱 붙는 옷을 입지 않았으며, 읽거나 쓰지도 못했다. 우리 앞을 지나가는 임신 가능한 인간에게 큰 관심을 보였고, 나무에 열린 달콤한 것을 볼 때마다 게걸스레 먹어 치웠다.

예수 탄생 이후의 시간은 인류 역사의 1퍼센트를 차지한다. 도시화하고 과학적 문화 속에서 첨단기술과 더불어 살기 시작한 기간인 최근 250년은 고작 0.1퍼센트에 불과하다. 따라서 우리가 가진 대부분의 본능은 현대의 상황과는 어긋나 있으며, 보다 기본적인 생활 조건에 최적화되어 있다. 어찌어찌 예의 바르게 굴고, 자신의 감정을 설명하고, 타협하고, 타인의 관점으로 사물을 볼 수 있게 되었다는 것만으로도 기적이다.

과학의 시점에서 보면 우리는 굉장히 잘해 나가고 있다. 사람은 무릇 어떠해야 한다는 타인에 대한 기대와 그들이 그 기대에 얼마나 부응하는지에 따라 우리의 내적 평온이 상당 부분 결정된다. 진화의 역사가 가르치는 바에 따르면 우리는 사실 현재 모습보다 더 엉망이어야 한다. 인류는 자신의 이상을 따라잡기 위해 달리고 있으며, 그 과정에서 지속적이지만 불가피한 실수들에 대해 보다 관대해질 수 있다. 결국 놀라운 점은 우리가 별로 문명화하지 않았다는 사실이 아니라 우리가 그래도 이따금 문명화한 순간을 누린다는 점이다.

5 ── 자아를 넘어 | 정신과 육체

인간이라는 동물은 자부심이 강한 생명체다. 우리는 자신을 부풀리고, 능력과 성실성을 과장한다. 또한 스스로가 남다르다고 상상한다. 우리가 품은 잘못된 확신의 핵심에는 '자기self'에 대한 독특한 개념이 자리하고 있다. 우리는 자기를 온전히 통합된 '자아ego'로 상상한다. 이 자아는 자신이 무엇인지 대부분 이해할 수 있고, 세계와 철저히 단절되어 있으며, 육체가 소멸한 뒤에도 지속될 수 있는 비물질적 본질을 갖고 있다.

과학은 이러한 모든 가정을 딱 잘라 부인하고 반박한다. 과학의 분석을 거쳐 드러난 자아의 정체는 불교가 오랫동안 시사해 왔던 것에 훨씬 더 가깝다. 즉 자아란 교묘한 환상이고, 스스로에 대해 거의 아무것도 깨닫지 못한 채 불안정하게 깜박이는 찰나의 불꽃이다. 그것은 자기 너머의 세계에 전적으로 통합된 채 걸쳐져 있는 실체로서, '나'라는 것은 짧은 생애를 살다가 용해된 다음 그것과는 확실히 구별된다고 믿었던 우주의 전체성에 다시 흡수될 운명이다. 신경과학자들의 말에 귀를 기울여 보자면, 우리가 일관된 '나'로 존재한다는 인상을 갖는 것은 단지 대뇌 피질 어딘가에 내재한 내러티브 능력이 만들어낸 교묘한 속임수에 불과하다. 이 능력은 뿔뿔이 흩어진 기억과 간헐적인 지각을 함께 엮어냄으로써 무작위적인 인상, 고통과 쾌락의 신호, 상충하는 소망을 대충 결합하는 데 그치는 것이 아니라 특정한 한 인간으로 존재한다는 지속적인 감각을 만들어낸다.

우리가 의식적으로 자각하는 부분은 전체 인식 활동 중 5퍼센트에 그치는 작은 파편에 불과하다. 우리 뇌에서 이루어지는 대부분의 일은 일상적인 이해가 차단된 기능에 속해 있다. 우리는 심장이 어떻게 빨리 뛰는지, 손톱은 어떻게 자라는지, 설탕은 어떻게 소화되는지, 계단은 어떻게 오르는지, 우리 몸이 공기에서 산소를 어떻게 얻어내는지 막연하게 알고는 있지만 그 방법을 실행

할 줄은 모른다. 자기 집에 들어갈 열쇠가 없는 셈이다.

우리는 한 개의 단일한 뇌라기보다는 천 년에 걸쳐 따로따로 진화한 여러 뇌의 집합이다. 각기 제 나름의 우선순위와 의제를 가지고 있으며, 주체적인 자아의 접근을 거부한다. 소뇌는 이것을, 해마는 저것을, 뇌간은 또 다른 걸 원한다. '한 명의 사람'으로 존재한다는 감각은 우리 자신을 안정적으로 유지하기 위해 고안된 단순화 과정이다. 우리는 잠이 드는 순간이나 질병으로 혼란스러울 때, 혹은 나이가 들어 몸이 따로따로 놀기 시작할 때 이 발명된 본성을 감지할 수 있다.

우리 안에 얼마나 많은 '다름'이 존재하는지에 대한 증거는 확실하다. 우리의 내장은 단세포 진핵생물은 물론이고 장내 기생충과 바이러스를 포함하는 1만 종이 넘는 외부 미생물을 모시고 있다. 이것들은 우리가 어린 시절에(카펫을 핥거나 부모에게 입맞춤했을 때) 몸으로 들어와 현재는 식이 섬유의 소화를 돕거나 비타민 B와 K 등을 합성하는 데 보탬이 되고 있다. 우리는 다른 사람과 인사를 나눌 때 하나의 이름을 사용한다. 그러나 현재 허리띠에서 불과 몇 밀리미터 안쪽에 우글거리는 수조 개의 외부 박테리아 세포와 공생 관계를 맺고 있다는 사실에 대해서는 침묵을 지키는 경향이 있다.

우리가 지속해서 존재한다는 감각 역시 생물학에 따르면 거의 근거가 없다. 우리는 자신을 시간을 거치며 지속되는 단일한 존재로 생각할지 모르나, 우리의 조각들은 계속해서 죽어가고 새로 만들어진다. 1분마다 3만 개의 세포가 사라진다. 세포의 평균 수명은 7년이다. 우리의 표면층은 매년 교체되며, 10년마다 골격 전체가 새로 만들어진다. 간은 2년마다 다시 만들어진다. 우리는 단지 계속해서 분해되고 힘들게 재조립되어야 하는 사람을 위한 사용 설명서일 뿐이다.

죽음을 앞두면 우리의 자아가 만들어낸 본성이 허구임을 더는 부인할 수 없게 된다. 60조 개의 세포는 구더기, 박테리아, 곰팡이들의 잔칫상이 된다. 우리 몸의 일부는 딱정벌레의 뱃속으로 들어갈 것이다. 민달팽이는 우리 간에서 진수성찬을 맛볼 것이다. 또 다른 일부는 매에게 양분을 제공할 것이다. 뼈에 함유되었던 탄소는 침엽수 줄기로 들어갈 것이다. 우리 중 일부는 비가 되어 내릴 것이다. 우리는 결코 '나'였던 적이 없다. 우주의 일부를 잠시 빌렸을 뿐이고, 시간이 지나면 그만큼의 가치를 지닌 다른 것이 되어갈 것이다. 모든 생명체와 마찬가지로 우리 또한 별의 파편으로 만들어졌다. 우리는 초신성 사이를 여행해 왔다. 우리는 우주만큼이나 오래된 존재다. '나'는 그저 지나가는 단계일 뿐이다. 지구가 우리에게 빌려준 것은 시간이 지나면 새로운 생명을 다시 움직이게 할 것이다. 이러한 사실들에 당혹스러워할 필요는 없다. 과학적 현실은 어떤 책이나 기도보다 훨씬 더 위안이 되는 철학적 사고를 고취시킬 수 있다. 우리는 삶을 그렇게 꽉 움켜쥐지 않아도 된다. 우리는 결코 온전한 존재가 아니며, 조만간 다시 작은 조각들로 돌아갈 것이다.

아주 오래전 부모님이 작은 세포 집합에 사려 깊게 지어준 이름으로 기억되기를 기대하는 것은 소용없는 일이다. 그 세포들은 오래전에 모두 사라지고 없다. 쥐며느리와 비둘기들은 감사할 것이다. 우리는 죽음에 익숙하다. 지난 130억 년간 원자 단위로 쪼개지고 다시 만들어져 왔으니까.

6 ── 회의주의 | 감각의 취약함

우리가 강하고, 아는 척하고, 인상적이고, 위압적으로 보이려 애를 써도, 사실 우리가 가장 사랑스러울 때는 자신의 나약함을 용기 있게 드러내 보일 때다. 즉 아무것도 이해하지 못하고 아는 것도 없다는 사실을 인정할 때다.

이런 면에서 과학의 관점은 우리를 더욱 인간다워 보이도록 해준다. 왜냐하면 과학은 우리가 나약하며 쉽게 현혹되고, 주변에서 일어나는 대부분의 일을 오해하는 것 말고는 선택의 여지가 없는 존재라는 메시지를 계속 강조하기 때문이다. 우리의 애처로운 인간다움은 우리가 과학의 관점을 통해 감각의 불확실성을 깨달을 때 더할 나위 없이 분명해진다. 우리는 세상에서 무슨 일이 벌어지고 있는지 다 안다고 생각하고, 수 세기 동안 우리 판단에 지대한 확신을 품었을 수 있다. 하지만 현대 과학은 우리가 가진 무지의 규모를 폭로하는 데 열과 성을 다해 왔다.

우리는 우리 눈을 별생각 없이 신뢰하는 경향이 있다. 하지만 우리의 눈이 포착할 수 있는 것은 극히 일부일 뿐이다. 좁은 대역의 전자파만이 망막에 기록된다. 우리 눈은 스펙트럼의 한쪽 끝에 있는 적외선과 다른 한쪽 끝에 있는 엑스선을 놓친다. 1665년 과학자 로버트 훅이 현미경으로 실제 크기보다 200배 더 큰 벼룩을 보여주기 전까지, 우리는 벼룩이 얼마나 두렵고 고귀한 생물인지 짐작조차 못 했다.

뜰채로 슬쩍 퍼 올린 물에 1,000만 개의 바이러스, 100만 개의 박테리아, 1,000개의 작은 원생동물과 조류藻類가 있다는 걸 알지 못했다. 이 중 '시아노박테리아 프로클로로코커스'라는 길이 0.6마이크로미터의 남세균 집단은(지구에 3천자• 마리가 있다) 대기 중 20퍼센트의 산소를 방출하는 책임을 지고 있다. 맑은 날에는 기껏해야 5킬로미터 떨어진 물체를 볼 수 있다. 지구에서 가장 가까운 별인 프록시마 켄타우리가 39,900,000,000,000킬로미터 떨어져 있다는 사실을 개념적으로 이해하기 어려웠던 이유는 모래 한 알에 4,300경 개의 원자가 들어 있다는 것을 상상하기 어려웠던 것과 같다. 각각의 원자는 소형 행성계처럼 전자가 양성자와 중성자로 이루어진 핵 주위를 돌고 있으며, 그 안에는 더 작은 강입자가, 강입자 안에는 더 작은 소립자가 들어 있다.

• 천자(octillion). 10의 27승.

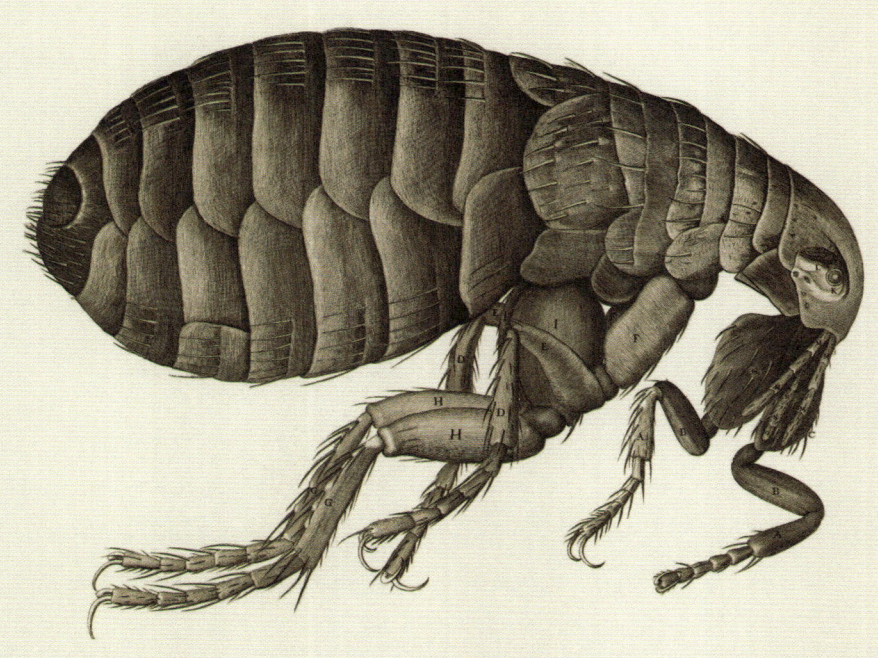

로버트 훅의
『마이크로그라피아』에 수록된 벼룩의 모습. 1665년

우리는 우리의 귀를 신뢰한 나머지, 침묵이라는 것은 존재하지 않으며 우리가 들을 수 있는 한계가 있을 뿐이라는 것을 깨닫지 못한다. 우리가 듣는 가청영역은 20헤르츠에서 2만 헤르츠 사이의 소리뿐이고, 저음(초저주파 불가청음)과 고음(초음파)은 모두 놓친다. 우리는 수마트라코뿔소가 내는 소리(3헤르츠)나 산꼭대기를 지나가는 바람 소리는 탐지하지 못한다. 머리 위 번개에서 나는 소리나 발아래 땅속 깊은 곳에서 나오는 가압된 마그마의 고조파 진동도 탐지하지 못한다.

이와 비슷하게, 하루를 이루는 24시간 단위와 지구가 태양을 공전하는 데 걸리는 1년 등의 시간 개념이 때때로 그 기준에서 벗어날 때 혼란에 빠질 수 있다. 예를 들어 척추동물이 눈을 생성하는 데 25만 세대, 즉 25만 년 동안의 우전적 변이가 필요했다는 걸 이해하기 위해서는 시간의 개념이 달라져야 한다. 또한 율리우스 카이사르가 2,000년 전 지구 위를 걸었던 뒤로 고작 84세대가 흘렀다는 사실도 마찬가지다.

'관찰 가능한 우주'라 부르는 것 중 겨우 5퍼센트만이 실제 우리의 감각에 포착된다. 나머지 95퍼센트에 대해서는 창의적인 이론에 기대는 형편이다. 우리는 주변에서 일어나는 거의 모든 것과 연결되어 있지 않으며, 그 사실을 알게 되면 혼란스러워진다. 때문에 우리는 늘 자신에게 너그러워야 한다.

7 ── 우리라는 존재 | 우주적 감사

언뜻 보아서는 과학처럼 과묵하고 심각한 학문이 어떻게 삶의 좋은 것들에 대해 깊이 감사하고 우리 주변의 자비롭고 아름다운 것에 경이로움을 품게 할 수 있는지 명확하지 않을 수 있다. 감사라는 감정은 기본적인 원리에 따라 작동하기 때문에, 과학을 통해 감사의 마음을 키울 수 있다. 감사의 마음은 대조의 감각을 통해 비롯된다. 즉 훨씬 더 끔찍한 일이 일어날 수도 있었고 정말

무서운 결과를 얻을 수도 있었는데, 모든 점을 고려했을 때 우리가 참으로 운이 좋았다는 사실을 인식함으로써 솟아난다.

우리가 놓친 수많은 것들과 계속해서 우리를 상처 입히는 고통의 영역이 있지만, 과학은 우리에게 고개를 들어 감사해야 할 더 큰 이유들을 떠올려 보라고 권한다.

우리의 정신이 잠시나마 휴식을 허락할 때, 우리는 우리를 존재하게 해준, 외견상으로는 무작위적인 상황들에 감사할 수 있다. 그 상황이란 다음과 같다…….

—— 138억 년 전, 전자보다 작은 무언가가 팽창하는 풍선처럼 순식간에 부풀어 오르겠다는 선택을 내리고는 오늘날 우리가 대충 우주라 부르는, 에너지가 스미고 퍼진 930억 광년 크기의 영역으로 불어났다.

—— 이 급속한 팽창에서 생겨난 일부 에너지는 입자로 응고되었고, 입자들은 한데 뭉쳐 수소, 리튬, 헬륨 등의 가벼운 원자를 형성했다. 이 원자들이 조립되어 은하가 생겨나고, 은하에서 별이 태어났다. 별의 내부에서 뜨겁게 타오르며 녹아내리던 핵에서는 생명에 필수적인 핵산을 생성하는 데 필요한 원소인 탄소, 질소, 산소, 황, 인 등이 만들어졌다.

—— 중력이 별들을 끌어당겨 (1,000억 개의) 은하를 형성했는데, 이 중에는 고작 4,000억 개의 별을 품은 채 우주 한구석에 자리한 은하수가 포함되어 있었다. 이 은하수 안에서 약 45억 년 전, 먼지와 가스로 이루어진 거대한 회전 구름에서 태양이 생겨났다.

—— 이와 거의 같은 시기에 떼로 돌아다니던 잔해들이 충돌하여 지구, 다시 말해 용암이 휩쓴 거주 불가능한 바윗덩이가 형성되었고, 이 지구는 중력에 의해 태양에서 세 번째 궤도에 놓이게 되었다. 이 거리는(0.38에서 10.0 천문단위) 생명이 발생하기에 딱 알맞았다.

—— '테이아'라는 행성이 지구와 충돌하여 우리에게 달을 선물했다. 이에 따라 지구의 자전이 느려지고 대기 조건이 안정되었으며, 24시간 단위의 하루가 생겼다. 달 때문에 지구가 기울어져 계절이 생겨났다. 계절이 없었다면 우리는 지역별로 영원토록 극한의 더위, 추위, 가뭄과 홍수를 겪었을 것이다.

—— 수백 번의 혜성 충돌에서 남겨진 얼음 입자가 녹고 수증기가 응축되어 바다가 형성되었다.

—— 혜성 충돌은 또 다른 우주의 선물을 안겨주었다. 바로 생명과 DNA의 핵심 성분인 리보오스, 이산화탄소, 에탄올, 아미노산, 인 같은 물질이었다.

—— 40억 년 전, 수중 온천이 알맞은 양의 에너지와 알맞게 혼합된 화학 성분을 분출하여 최초의 단세포 유기체인 원핵생물이 형성되었다.

—— 최초의 광합성 생물인 시아노박테리아(남조류)가 방출하는 산소가 메탄과 이산화탄소로 구성된 지구의 유독한 대기를 천천히 누그러뜨렸다. 지구의 대기 중 85퍼센트가 차츰차츰 산소로 채워졌다.

—— 27억 년 전, '운명적 만남'으로 알려진 무작위적이고 우연한 사건이 일어났다. 단세포 두 개가 융합한 뒤 자손을 낳았고, 그로부터 약 10억 년이 흐른 뒤 성性이 생겨났다.

—— 5억 년 전, 바다에서 온 식물들이 동물보다 먼저 육지에 퍼졌다. 식물들은 보다 복잡한 유관속 식물로 천천히 발달했고, 그것들의 씨가 바람에 퍼지며 만들어낸 초원과 숲에서 다

른 종의 생물이 진화할 수 있었다.

―― 2억 4,500만 년 전, 산소 수치가 상승하며 캄브리아기 대폭발이 일어났다. 지구 역사에서 가장 거대한 규모로 생명의 분화가 이루어졌다. 분화는 바다에 사는 단단한 껍질의 무척추 동물을 시작으로 새로운 어종, 최초의 육상 기반 곤충, 대형 해양 척추동물로 이어졌다. 해양 척추동물은 네 다리를 발달시켰고 물가로 나와 알을 낳았으며, 이 알이 부화하여 양서류, 파충류, 포유류로 진화했다.

―― 6,550만 년 전, 지름 15킬로미터의 소행성이 지구를 강타하면서 조류鳥類가 아닌 모든 공룡을 포함한 대부분의 지상 유기체를 멸망시켰다. 이 충돌은 우리의 가까운 조상인 털북숭이 포유류에게 적은 경쟁으로 번성할 수 있는 최적의 조건을 만들어주었고, 그 결과 이 포유류는 번성하여 영장류로 진화할 수 있었다.

―― 지구는 오랫동안 충분히 안정된 상태를 유지했고, 이로써 2,500만 년 전 최초의 유인원이 아프리카에 출현했다. 700만 년 전에는 최초의 호미니드•가, 불과 20만 년 전에는 겁 많고 똑똑한 우리 인간인 호모 사피엔스가 출현했다.

―― 여러분의 유전자는 폭풍우, 포식자, 지속적인 바이러스의 공격에도 불구하고 1만 세대에 걸친 끊어지지 않는 사슬을 통해 안전히 전달될 수 있었다.

―― 평균적으로 가임 여성은 10만 개의 난자를 가지고 있으며, 남성은 1조 개의 정자를 생산한다. 이 난자와 정자는 매우 다른 것들이지만, 그럼에도 지금 당신이라는 선택지로 세상에 출현하게 되었다.

―― 어떤 날에는 상쾌한 햇살과 레몬이 있고, 또 어떤 날에는 올리브, 무화과, 헤이즐넛이 있다. 지금, 이 순간은 137억 9,900만±2,100만 년이라는 우주의 시간 속에 존재한다.

―― 그러니 이 모든 것에 대해, 예전에 교회에서 그랬듯 이렇게 외칠(또는 속삭일) 수 있겠다. '할렐루야!'

• hominid. 사람과 그 조상을 포함하는 사람과科의 동물.

2010년 나사의 허블
망원경으로 찍은 '신비한 산'.

과학에서는 종교가 20가지는 거뜬히 나올 수 있다. 숭배하고, 경외하고, 위로를 얻을 수 있는 것이 과학에는 너무나 많다. 이에 비하면 옛 종교는 얼마나 초라한가. 암흑 물질, 스트링 이론, 양자 파동 함수의 '두려운 신비mysterium tremendum'* 옆에서 신의 발명이란 얼마나 하찮은가. 현대의 저주는 과학을 발명한 것이 아니라, 과학으로 할 수 있는 일을 아직 전부 이해하지 못했다는 데 있다.

• 독일 종교학자 루돌프 오토(Rudolf Otto)의 표현. 그는 성스러움의 속성을 '두렵고 매혹적인 신비(Mysterium Tremendum et Fascinans)'라고 설명했다.

18

자연　　　　　　　　　　　　　　　　　　Nature

현대는 자연을 전례 없이 거칠게 다루었다. 그 이전 시대라고 해서 자연을 굉장히 정중하게 대하지는 않았을 것이다. 고대 그리스인들은 고대 후기까지 해안가의 나무를 거의 다 베어냈으며, 로마인들은 북아프리카의 수많은 삼림을 벌채하고 식량과 검투사 시합을 이유로 대형 야생동물을 살해했다(로마 역사가 플리니우스는 귀족들이 상아로 된 침대 틀을 갖고 싶다는 욕망을 채우려고 아프리카의 코끼리를 죽였다는 사실에 한탄했다). 하지만 옛 세계에는 현대의 전동 톱, 다이너마이트, 살충제, 총기, 가공 처리 공장은 물론이고 노골적인 무자비함 또한 없었다. 미 대륙을 횡단하는 철도가 깔리면서, 자연은 유례없이 철저하게 난도질당했다. 16세기 북미 대륙에는 2,500만 마리의 들소가 살았는데, 19세기에 이르자 채 100마리

가공 처리를 기다리고 있는 들소 머리뼈, 미시건 카본 웍스, 디트로이트, 1892년

도 남지 않았다. 한때 미 대륙에는 10억 그루의 나무가 있었지만, 1900년까지 그중 85퍼센트가 사라졌다.

현대화가 진행 중인 국가 어디에서건 사람들은 중요한 것이 사라지고 있다는 사실을 알았고, 멸종을 늦추기 위한 긴급한 시도가 수없이 이루어졌다. 1864년 에이브러햄 링컨은 요세미티 계곡을 보호하는 조치를 취했고, 미 의회는 1872년에 옐로스톤 국립공원을 조성했다. 윌슨 대통령은 1916년 미국 국립공원관리청을 만들었다. 영국에서는 19세기 후반에 호수 국립공원을 법적 강제력을 동원하여 보호 조치했다. 오스트레일리아에서는 1879년에 로열 국립공원을 조성했다. 스위스는 1914년에 유럽 최초의 국립공원을 만들었다. 현대의 도시들은 작은 규모이기는 해도 주민들을 위한 무료 공원을 조성했다. 뮌헨의 '영국정원'은 1789년에 만들어졌고, 런던의 빅토리아파크는 1845년에, 시카고의 링컨파크는 1865년에, 뉴욕의 센트럴파크는 1876년에 세워졌다.

국립공원과 도시공원 옹호자들은 자연의 중요성에 대한 정당성을 주장할 때마다 늘 다음과 같은 이유를 제시했다. 공장, 군중으로 붐비는 거리, 빼곡한 공동주택건물로 가득한 산업 사회는 사람들에게 자연 속에서 신선한 공기를 마시고 운동할 기회를 필수적으로 부여해야 한다는 것이었다. 즉 나무와 서식지가 보존되어야 우리의 건강도 유지할 수 있었다. 또한 자명하지만 덜 언급되고 손에 잡히지 않는 또 다른 문제가 있었다. 자연이 '영혼'이라 일컫는 것에, 좀 더 명확하게는 '정신'에 필수적이라는 생각이었다. 자연은 육체적 질병을 치료하는 것 못지않게 현대가 낳은 심리적인 질병을 치료하는 데에도 중요해 보였다. 현대는 우리의 정신 건강을 악화시켰고, 자연에는 이를 치료할 방법이 있었다. 그렇다면 이 치료법의 이점은 무엇일까? 적어도 다섯 가지의 논지를 제안할 수 있다.

차일드 하삼, 〈센트럴파크〉, 1892년

존 오듀본, 〈청동오리〉, 『미국의 새들』
중 221번째 판화, 1834년

1 ── 위치를 재설정하기

유럽의 개척자들이 미 대륙을 개척하기 시작하던 19세기 초, 프랑스계 미국인이자 사업가인 존 오듀본이라는 별난 인물이 그들의 뒤를 따랐다. 그가 좇는 것은 땅도, 금도, 들소의 가죽도 아니었다. 어렸을 때부터 브르타뉴에서 새에 매료되었던 그는 미국의 모든 새를 그리겠다고 선언했다. 결국 총 2,000종 중 435종을 그리는 데 성공했고, 이 그림을 대형 동판에 새겨 한데 모은 뒤 19세기의 가장 성공적인 책 중 하나인 『미국의 새들The Birds of America』에 수록하였다. 이 책은 1827년~1838년 출판되었으며, 영국 빅토리아 여왕, 프랑스 왕 샤를 10세, 미국 대통령 제임스 포크도 이 책을 소장하고 있다.

오듀본이 그린 새 중 상당수는 독자들이 야생에서 쉽게 볼 수 없는 희귀한 새들이다. 하지만 그중 가장 인기 있는 그림은 흔해 빠진 새 중 하나인 청둥오리다. 청록색 머리에 목에는 흰 띠가 있는 청둥오리는 유럽이나 북미의 도시공원에 앉아 있으면 누구든 알아볼 수 있다. 청둥오리는 사방 어디에나 있지만, 이들을 마주하면 커다란 치료 효과가 있다. 이들이 환영받는 이유 중 하나는 녀석들이 우리가 누구이고 어떤 사람인지에 대해 전혀 관심이 없다는 것이다. 녀석들은 두려움도 호의도 표하지 않은 채 우리 옆을 어정거리면서 잠자리나 벌레를 찾아다닌다.

우리가 중요하다고 생각하는 것이 무엇이든, 우리를 동요시키고 휘저어 놓는 것이 무엇이든, 우리에게 수치심을 느끼게 하고 갈망을 불러일으키는 것이 무엇이든, 청둥오리에게는 아무 상관이 없다. 우리가 사회에서 중요 인사이든, 무가치하거나 비난을 받는 사람이든 그 역시 중요치 않다. 오리는 고위 판사의 손에서 나온 것이든, 중범죄자의 손에서 나온 것이든 상관 없이 기꺼이 묵은 빵조각을 받아먹을 것이다. 격동의 역사도, 정치적 드라마도, 경제의 반전도, 유명 배우의 충격적인 삶에도 아무 관심이 없다.

지난 몇 세기가 거의 똑같은 방식으로 흘러왔다. 미국 식민지의 상실이나 나폴레옹의 워털루 참패 역시 신경 쓸 일이 아니다. 오늘 우리 마음을 어지럽히고 괴롭힌 감정들도 마찬가지다.

이런 초연함을 마주하면 자칫 외로워질 수도 있지만, 사실 이는 인간들이 모여 사는 벌집 속 삶의 고뇌에서 벗어나 커다란 안도감을 준다. 그곳에서는 우리가 말하거나 행하는 모든 것, 우리에 대한 모든 소문, 명성을 얻기 위한 노력과 상처받은 자존심이 우리의 신경 에너지를 갉아 먹고 심란한 밤에 우리를 휘저어 놓는다. 우리는 다른 사람들과 긴밀히 얽힘으로써 새로운 시각이 차단되고 '다름'을 수용하지 않게 되었다. 청둥오리 같은 존재들은 우리 나름으로는 감상적인 드라마 같은 사건들을 도도하게 무시하고, 우리 것과는 전적으로 대조되는 자신들의 우선순위에 집중함으로써 우리의 문제를 떨어져 볼 수 있게 해준다.

현대 도시의 주요 거리를 걷고 있으면, 우리가 벌이는 맹목적인 경주의 역동성과 활력이 끊임없이 눈앞에 펼쳐진다. 우리는 아직 이루지 못한 것과 여전히 이루고 싶어 죽을 지경인 것에 정신이 팔려 있다. 광고는 우리더러 욕망을 바꾸라고 간청하고, 뉴스는 우리를 분노와 혼란에 빠뜨리며, 동료와 지인에 대한 소식은 경쟁심에 불을 붙인다. 이 지점에서 청둥오리는 그저 산책 중에 발견할 수 있는 흥미로운 생명체에 그치지 않는다. 그들은 빅토리아파크나 링컨파크, 영국정원 혹은 센트럴파크의 연못에서 우리를 기다리며 대도시의 그 무엇도, 그 누구도 해주지 않을 이야기를 들려줄 기회를 노리는 진실의 기둥이다. 그 이야기란 좋든 나쁘든, 후회스럽든 멋지든 간에 우리에 대한 어떤 점도 우리의 허영심 가득한 거품 같은 영역 바깥에 있는 외부인들에게는 아무런 흥미를 불러일으키지 않는다는 사실이다. 간단히 말해, 참으로 감사하게도, 청둥오리는 우리가 그리 중요하지 않다고 말해 준다. 이는 현대를 사는 사람이 들을 수 있는 가장 관대하고, 친절하며, 꼭 필요한 메시지 중 하나이다.

루스트가르텐에서 청둥오리가 주는
위안에 이르는 10분간의 산책. 파울 회니거,
〈슈피텔마르크트〉, 1912년

2 —— 불가피함을 수용하기

현대는 우리가 의지력과 창의력으로 환경을 바꿀 수 있다는 개념을 토대로 한다. 우리는 물길을 돌리고, 운명을 바꾸며, 놀라운 기계를 발명하거나 다른 대륙에서 새로운 삶을 시작할 수 있다.

가을 어느 날의 커다란 오크나무 혹은 포플러나무 한 그루를 잠시 떠올려 보자. 때는 포근한 10월 말쯤, 오랫동안 매달려 있던 나뭇잎은 이제 알맞게 단풍이 져서 누가 봐도 뚜렷이 은빛이 도는 회색 아니면 갈색이 맴도는 황토색이다. 몇 주 뒤면 동쪽에서 심술궂은 비바람이 한두 번 몰아칠 것이고, 그러면 나뭇잎이 떨어지며 20만 장의 갈색 낙엽이 숲 바닥에 깔릴 것이다. 그곳에서는 노래기, 구더기, 점균, 지렁이, 박테리아가 낙엽을 분해해 퇴비로 바꿀 준비를 하고 있다. 어떤 것도 이 울적한 과정을 막지 못한다. 여름 내내 나뭇잎은 우리를 보호해 주었고, 모질게 내리쬐는 환한 햇빛을 걸러주었으며, 황혼이 질 무렵에는 부드러운 십자 무늬를 드리워주었다. 봄에 이 나뭇잎들의 모습은 희망과 새로운 시작의 상징이었다. 이제 공기에서는 죽음과 부패의 냄새가 난다. 우리의 삶도 나무와 마찬가지로 자연의 법칙에 종속되어 있다. 우리 역시 태어나서, 성장하고, 죽는다. 우리 인생에도 그 무엇으로도 막을 수 없는 가을이 온다.

자연에서의 성장과 부패라는 피할 수 없는 과정을 심사숙고함으로써, 우리는 시간의 흐름과 더불어 포기하고 빼앗겨야 하는 그 모든 것을 보다 덤덤히 받아들일 수 있을지 모른다. 우리가 저항할 수 없는 자연의 법칙이 있다. 제아무리 많은 기계나 웅변, 돈, 권력이 있어도 이를 극복할 수 없다. 황제도, 재계의 거물도 자연계의 구조 앞에서는 부랑자만큼이나 나약할 따름이다. 이 구조는 우리 각자를 으깨어 세포의 기원으로 되돌려 보낼 것이다. 이것은 비극적으로 들릴 수 있지만, 여기에는 자연의 거대한 장관에서 발견할 수 있는, 자아의 광적인 자기주장에서 놓여난 안도감

조지 이네스, 〈래커워너 계곡〉, 1856년경

이 자리한다. 장엄한 나무들은 단순한 굴욕에 그칠 수도 있었던 상황을 경외심을 불러일으키는 상대 앞에 우아하게 굴복하라는 요구로 전환시킨다.

1853년, 미국 화가 조지 이네스는 '델라웨어, 래커워너, 웨스턴 철도회사'의 대표로부터 편지 한 장을 받았다. 대표는 자신과 직원들이 원시의 자연을 뚫고 버펄로와 뉴저지를 잇는 새로운 선로를 연결했다는 사실에 자부심을 느끼고 있었다. 그는 이네스에게 철로의 범위와 기관고의 규모를 강조한 그림을 요청했다. 하지만 이네스는 이 우선순위에 대한 확신이 없었다. 이네스는 나무를 정말 좋아했는데, 나무의 큰 키와 우아함에 감탄했지만 무엇보다 나무의 철학적 지혜를 중시했다. 그래서 1855년 〈래커워너 계곡〉을 그릴 때, 그림과 어울리지 않는 나무 밑동을 잔뜩 집어넣었다. 자연의 종말보다 기차의 도착에 더 흥분한 문명사회는 무엇이 우선인지 잊어버렸다. 또한 그 문명사회는 자신들 역시 자연의 법칙에 종속되어 있으며, 설사 몇 시간 만에 도시에 도착해 모자를 사거나 석탄을 실은 화차를 운송할 수 있다고 해도 모든 생명체에 부과된 한계를 피할 수는 없다는 사실을 잊어버릴 위험에 처한 사람들이 이끌고 있었다. 그러니 나무들이 성급하게 베어지는 건 그다지 놀라운 일도 아니었다. 나무들은 허영심 많은 철도 회사 사람들에게 모든 것의 헛됨에 대해 지나칠 정도로 시끄럽게 말하고 있었기 때문이다.

3 ── 아타락시아에 이르기

철학자 프리드리히 니체는 1881년, 그리고 1883년~1888년간 총 일곱 번의 여름을 스위스 남동쪽에 위치한 알프스 고지대 마을 실스 마리아에서 보냈다. 그는 도시의 혼잡함과 소란스러움을 피해 농가에 조용한 방 하나를 빌렸다. 이곳에서 『즐거운 과학The Gay Science』, 『차라투스트라는 이렇게 말했다Thus Spake Zarathustra』, 『우상의 황혼Twilight of the Idols』 등 유명한 저서들을 집필했다.

니체는 일찍 일어나 이른 오후까지 글을 썼고, 그 이후에는 두세 시간씩 산책을 했다. 그때 '브라운비에'라고 알려진, 산에서 기르는 회갈색 소들과 친해졌다. 이 소들은 대부분 목초지에서 발견되었는데, 니체는 이들과 사랑에 빠졌다.

니체는 만족스럽지 못한 삶에 대처하는 소들의 차분하고 지혜로워 보이는 태도에 매혹되었다. 소들은 짜증도 분노도 드러내지 않았다. 시기심에 고통받거나 놓친 기회를 후회하는 듯 보이지도 않았다. 복수할 계획을 품거나 미래가 두려워 움츠러들지도 않는 듯했다. 비가 내려도, 햇살이 비쳐도, 파리들이 코에 앉고 무거운 종에 목이 쓸려도 침착하게 행동했다.

니체는 소들이 고대 스토아학파 철학자들의 목표였던 평정과 평온의 상태, 즉 그리스인들에게는 '아타락시아ataraxia'라고 알려진

폴 고갱, 〈무릎 꿇은 소〉, 1888년

마음의 상태에 도달했다고 느꼈다. 소들이 제논이나 세네카를 읽지는 않았겠지만, 그들은 진정한 철학자였다. 니체는 『차라투스트라는 이렇게 말했다』에서 브라운비에 소에게 중요한 역할을 부여하며, "우리가 소처럼 변화하지 (혹은 전환되지) 않는다면, 천국에 들어갈 수 없으리라"고 썼다.

4 ── 경이로움을 표하기

현대를 살다 보면 지루하고 멍해지기 십상이다. 정말로 신나는 일들은 재정적으로도 현실적으로도 손에 닿지 않는 곳에 있곤 한다. 우리 인생에서 재미있고 특별하게 느껴질 만한 일은 흔치 않다. 우리는 여전히 수많은 결핍을 안고 산다.

세 살 때만 해도 전등 스위치, 재킷에 달린 지퍼, 문이 닫히는 방식 등 모든 것이 놀라웠다. 그러나 인생이 늘 이런 식으로 시작되지는 않는다. 그 이후 우리의 열정은 식어갔지만, 자연의 장관 속에는 존재를 느끼는 감각을 잃어버리지 말라는 격려가 충만하다. 하긴 우리는 특정 파티에 초대받지도 못하고, 일상이 답답하게 느껴지기도 한다. 하지만 바로 지금 아시아와 오스트레일리아 전역에서 베짜기개미의 군체가 보금자리를 짓고 있다. 이 중 일부는 현존하는 가장 기묘하고 인상적인 구조물이다. 수백 마리에 달하는 믿기 어려운 숫자의 개미들이 커다란 나뭇잎 가장자리에 군대를 방불케 하는 정확성을 보이며 위치하고 나서, 애벌레가 만들어내는 면사 가닥을 이용하여 이웃한 나뭇잎을 협력해 끌어당긴다. 그런 다음 호흡을 맞춰 섬세하게 나뭇잎을 면사로 꿰매어 사람 머리만 한, 때로는 그보다 더 큰 방수 밀폐 구조물을 짓고, 그 안에 꼼꼼하게 정돈된 거주지를 세운다.

우리는 실제로는 터널 속에 갇혀 있으면서 마치 그곳을 열린 공간으로 착각할 때 지루함을 느끼게 된다. 때문에 세상이란, 도시에 사는 우리가 생각하는 것보다 훨씬 더 기묘하고 놀라운 곳이라는 사실을 기억해야 한다. 우리는 이 행성을 학교 동창들과 고위 텔레비전 방송국 임원들뿐 아니라 날다람쥐, 하야신스마코금강앵무, 뱀파이어 크랩, 유리날개 나비, 프랑스 전자리 상어, 오카피, 니르코바르비둘기, 바위 아가마도마뱀, 토케이 도마뱀붙이와도 공유하고 있다. 이 생물들은 우리 주변에서 숨 쉬고 있는 것들을 보다 가까이, 더 경이롭게, 더 황홀하게 바라봐야 한다는 거대한 부름에 우리가 응답할 수 있도록 기여한다.

5 ── 소박함을 만끽하기

현대의 흥미로운 특징 중 하나는 현대의 시작과 꽃에 대한 폭발적인 관심이 동시에 일어났다는 점이다. 1890년대에 들어서면서 런던과 파리 근교 지역에서는 가구의 4분의 3이 정원 가꾸기에 적극적으로 참여한 것으로 추정되었다. 가장 인기 있는 꽃은 백합, 데이지, 라일락, 튤립, 수선화였다. 서른 살 이하의 사람들에게 꽃을 키우는 이야기는 우스꽝스럽게 들리기 마련이다. 그들에게는 작고 일시적인 성취보다는 깊이 탐구해야 할 사랑이나 성공시켜야 할 직업적 경력처럼 훨씬 더 흥미롭고 중요한 목표가 있을 것이다.

하지만 일흔을 넘긴 사람 중 원예에 관심이 없는 사람을 찾기란 거의 불가능하다. 그 나이대가 되면 대부분 사람들의 야망은 상당한 타격을 입었을 것이다. 사랑이든 일이든 중요한 부분에서 잘 풀리지 않았으리라. 이 시점에 정원 가꾸기를 통해 얻는 위안은 무척 중요하게 느껴진다. 꽃은 어떤 긴급함도, 노골적으로 드러나는 웅장함도 없기에 어여삐 여기기 딱 좋은 대상이 된다. 저 너머의 세상은 우리의 의지대로 그것을 구부리려 하면 늘 저항한다. 하지만 정원에서는 약간의 노력과 규칙적인 급수, 운 좋게 내리쬐는 햇빛만 있다면 잠시나마 아름다우면서도 기쁨을 주는 무언가를 꽃피울 수 있다. 우리가 꽃이 지닌 부드러운 아름다움에 감동하는 까닭은, 우리가 감정적이어서라기보다는 정신적으로 상처 입으며 고통과 실망에 대해 잘 알게 되었기 때문이다. 거창하지는 않지만, 온화한 여름 저녁에는 충분히 좋을 이 자연의 선물을 우리는 거절하지 않을 것이다.

현대의 파괴적 속성으로부터 자연을 보호하고 싶었던 이들은 종종 사람들의 이타심에 강력히 호소했다. 그들은 다른 생물종이 겪는 고통과 아직 태어나지 않은 세대를 위해 자연이 필요하다는 점을 사람들에게 환기시켰다. 하지만 양심에 호소하여 이기적인 사람들을 감화하려는 전략은 성공하기 쉽지 않다. 오히려 그들의 사리사욕을 겨누는 편이 더 현명할 것이다.

시추업자와 벌목업자에게 선의를 베풀길 호소하는 열정적인 연설을 할 필요는 없다. 그들이 치러야 하는 비용, 더 명확하게는 그들의 정신적 안녕에 드는 비용을 지적하는 것만으로도 충분하다. 공원에 가는 것 말고도 건강해질 수 있는 다른 방법이 있기야 하겠지만, 저 그림 어딘가에 있을 튼튼한 나무들과 청둥오리, 베짜기개미 무리가 사라졌을 때 하다못해 겉으로라도 정신적인 평온을 유지할 수 있을 생물종을 상상하기란 어려운 일이다.

빈센트 반 고흐,
〈아를의 정원〉, 1888년

나가며 ──────────────
Conclusion

1 ── 자유로 인한 고뇌

대부분의 인류 역사에서 삶에는 선택의 여지가 별로 없었다. 종사할 수 있는 직업은 하나뿐이었고, 그것마저도 가족이 선택해 주었다. 결혼할 수 있는 후보도 한 명뿐이었으며, 그 사람도 부모가 골라주었다. 가까이 사는 사람들도 정해져 있었고, 그들을 피할 방도는 없었다. 다른 곳에서 살 기회도 전혀 없었다. 살 만한 물건도 없었다. 어딘가에서 새로운 소식이 들려오지도 않으니 부럽거나 간절할 일도 딱히 없었다. 권위자에게 의문을 제기할 수도 없었다. 가족, 목사, 선생님, 왕과 왕비, 그리고 당연하게도 신이 지시하는 바라면 무엇이든 군말 없이 따라야 했다. 그들은 모든 것을 알고 있었으며, 태어나면서부터 죽음에 이르기까지 거의 대부분의 날들을 어떻게 살아야 하는지에 대한 정교한 계획을 갖고 있었다. 우리가 행복한지에 대해 의문을 품지 않았고, 설사 행복하지 않다고 해도 바뀌는 건 없었다. 우리는 굳건하고 명확한 장벽 사이에 갇힌 채 존재했다.

현대는 그런 한계를 폭파하고 우리를 모든 분야에서 '자유롭게' 만들었다. 이제는 원하는 직업을 고를 수 있고, 원하는 사람과 결혼할 수 있으며, 언제든 이혼할 수 있다. 아무 데나 살아도 되고, 무슨 질문이든 해도 되며, 누구에게도 복종할 필요가 없다. 이는 정말 기분 좋은 소리처럼 들리며 어느 면에서는 실제로 그렇지만, 또한 무겁고 때로는 견디기 버거운 부담이기도 하다.

우리는 우리가 가진 자유를 완전히 깨닫지 않고도 오랜 시간 살아갈 수 있다. 어른이 되어서도 어린 시절에 수용한 마음가짐을 일부 지닌 채 살아간다. 그런 면에서 우리는 어른인 척하는 유순한 아이라 할 수 있다. 선생님과 부모를 대체하는 상사나 정부 같은 존재를 신뢰한다. 삶의 온갖 괴로운 측면들을 마치 숙제인 양 '의무'라고 자신에게 이야기한다. 친구와 지인들이 충격을 받을 것이고, 현 상황을 수습하고자 엄청나게 애를 쓸 것이라고 상상하며 변화에 관한 생각을 떨쳐버린다.

그러는 동안, 우리는 권위 있는 사람들은 뭐든 다 알고 있을 게 분명하므로—존경스럽고 아는 것도 많은 듯하니까—그들의 지시가 설사 잘 이해되지 않아도 따라야겠다고 생각한다. 그냥 그래야 하니까.

그러다 개인의 삶에 위기가 닥치고, 이 위기는 시대 전체에 근본적인 영향을 미치게 된다. 왜 저 일이 아닌 이 일을 하고 있는지, 왜 다른 사람이 아니라 이 사람과 결혼해야 하는지, 왜 다른 직업이 아니라 이 특정 직업에 종사하는지, 왜 다른 곳이 아니라 하필 여기 살고 있는지 더 이상 설명할 수 없는 근본적인 불확실성의 순간이 찾아온다. 무엇보다 '아무도 관심 없고, 아무도 모른다'는 두 가지 사실을 깨닫게 된다. 우리가 누구와 함께 있고 무엇을 하고 있는지 아무도 신경 쓰지 않는다. 사람들은 나름의 편견과 견해를 갖고 있지만, 본인의 생존 투쟁에 전념하느라 다른 사람이 어떻게 사는지 신경 쓰지 않는다. 다른 사람들이 우리에 대해 가졌던 가정들, 즉 한때 거기에 맞춰 살아야 할 것 같았던 굳건하고 필수적이었던 그 가정들은 종잇장처럼 얇고 쉽게 바뀌는 생각이었음이 밝혀진다. 오늘 그들에게 전화를 걸어 그들 머릿속에 있는 우리의 일대기 전체를 다시 쓴다 한들, 그들은 잠깐 놀랐다가 어깨를 으쓱하고는 넘어갈 것이다.

우리가 그만두기로 하면 우리가 속한 조직이 우리를 그리워할 것 같지만, 일주일도 되지 않아 그들은 우리를 잊을 것이다. 우리는 어디서든 대체 불가능한 존재가 아니다. 예술가, 정치가, 정원사가 될 수도 있으며, 안달루시아의 척박한 땅에 지은 작은 집에 사는 은둔자가 될 수도 있다. 우리가 반드시 있어야 하는 곳은 없다. 그건 구시대적 사고다. 이제 임기는 끝났고, 돌아오지 않아도 된다. 언제까지라도……. 권위 문제라면, 아무도 그게 뭔지 모르는 듯하다. 정부도 모르고, 옛 스승들도 모르며, 우리가 한때 우러

카스파르 다비드 프리드리히,
〈안개 바다 위 방랑자〉, 1818년

러봤던 사람들도 단서가 거의 없는 듯하다.

그러는 동안 우리의 사고는 더욱 격렬하게 동요한다. 시간이 다 되어간다는 사실을 알고 있기 때문이다. 우리 나이에 다른 사람들은 엄청난 성취를 이루었는데, 우리는 이렇게 늙어가다가 이내 죽으리라는 사실을 알고 있기 때문이다. 우리는 선택의 혼란에 시달린다. 어쩌면 예전의 교도소 같던 벽이 그리울지도 모른다. 하늘에서 내려오는 음성이 우리가 할 일을 일러주길 갈망한다. 정신을 잃어가고 있는 것처럼 느껴질 수 있지만, 사실 우리는 그저 현대를 살아가는 전형적인 불안한 시민일 뿐이다.

우리는 평소에 이러한 위기에 대해 잘 말하지 않는다. 창피하게 느껴지니까. 하지만 이러한 위기는 현대를 살아간다는 것의 의미에 담겨 있는 고질적인 부분이다. 심지어 우리가 이를 조금이나마 의식하고 있다면, 우리가 해온 모든 것과 우리 자신을 정기적으로 흔들지 않고 넘어갈 수 있을까? 우리가 낭비했던 기회 앞에서, 묻지 않았던 질문들 앞에서, 활용하지 못하고 흘려버린 에너지들 앞에서 어떻게 당혹스러워하지 않고 넘어갈 도리가 있을까?

우리는 죽어가고 있으며, 우리 자신을 탐구할 용기조차 내보지 못한 채로 우리의 가장 훌륭한 부분이 땅에 묻힐 판이다. 왜냐하면 우리는 어른이라는 무한한 선택들로부터 우리 자신을 차단하고, 여전히 어린아이로 남고자 하며, 무기력과 두려움을 타인과 외부 환경의 탓으로 돌리고 있기 때문이다.

대부분의 사람들은 자신의 선택을 온전히 통제할 만한 강한 인격적 힘을 갖고 있지 못하다는 사실을 인정해야 한다. 오직 한 세대에 100명 남짓한 사람만이 최고의 선택을 하며 산다. 우리는 대체로 자신의 잠재력을 실현하지 못하고 '인생을 낭비하며' 산다. 자유를 최대한으로 이용하는 방법을 배우지 못했다. 긴 세월 동안 교사와 부모를 기쁘게 해주기 위해 살았다. 적어도 이러한 문제를 인정하고 받아들이는 것이 중요하다. 이것은 정상적이며, 따듯한 마음으로 바라보면 웃음이 나는 일이다. 우리는 고통받는 현대의 동료 시민들에게 손을 내밀어야 한다. 선택할 수 있지만 잘못 선택하는 것, 움직일 수 있지만 움찔하는 것조차 두려운 것, 커다란 가설이 틀렸음을 알지만 대안을 떠올릴 용기나 정신력이 부족한 것, 우리를 싫어하는 사람들이 주변에 많다는 걸 알지만 그들이 우리를 어찌 생각하는지에 대해 과도한 걱정에 빠지는 것, 이것은 우리의 실패가 아니라 인간의 본질이다.

이 중 어떤 것도 이상한 일이 아니다. 이는 모두 현대의 고뇌에 속한 것으로, 설사 극복될 수 없더라도 기록되어야 하며, 때로는 유쾌하게 바라보거나 비판적으로 다루어져야 한다.

2 —— 행복으로 인한 고뇌

현대의 공식 종교는 행복이다. 듣기 좋은 이야기 같지만, 사실 웃으라는 부탁은 강압적인 요구다. 우리 시대가 미묘하게, 그러나 지독하게 허용치 않는 자유가 있다. 바로 비참할 자유다.

아동심리 분석가 도널드 위니콧 또한 아이를 보면 항상 웃게 하려는 사람들에 대한 의혹을 제기했다. 그들은 웃긴 표정을 짓고, 까꿍 놀이를 하고, 위아래로 흔들고, 발가락을 간질이면서 아이가 결국 웃음을 터뜨릴 때까지 멈추지 않는다. 이런 종류의 명랑함은 행복과는 엄연히 다르다. 행복한 사람들은 행복을 느껴서 미소를 짓는다. 명랑한 사람들은 억지로라도 미소를 지어야 하므로 미소를 짓는다. 그들의 내면에는 처리되지 않은 별의별 슬픔이 있고, 그들은 그 슬픔에서 미친 듯이 도피하고 있다. 만약 잠깐이라도 웃음을 멈춘다면, 그들은 지금까지 직면하지 못했던 온갖 후회스러운 것들과 마주해야 할지도 모른다. 자신 안에서 받아들이지 못한 그 감정들은 자기를 실망시킨 사람에 대한 화, 사

메리 카사트,
〈아이를 예뻐하는 여성들〉, 1897년

랑해야 하는 누군가 혹은 무엇에 대한 격렬한 분노, 후회스러운 잘못에 대한 죄책감 같은 것들이다.

누구에게나 15분 이상 고민이나 슬픔 없이 지낸다는 건 부자연스러운 일이다. 눈앞에는 늘 암울한 무언가가 있게 마련이다. 바로 이런 이유로, 가끔 무척 행복한 게 아니라 오랜 기간 근본적으로 즐겁게 살아간다는 개념은 현실적으로 불가능하다고 여겨지는 것이다. 심지어 아기들도 슬플 일이 많다. 그들은 방금 자신이 지구에서 가장 편안하고 직관적으로 영양을 공급받던 자궁을 떠나왔으며, 한 인간의 육체를 먹이고 편안하게 유지시키려는 온갖 노력에 담긴 실망스러운 점들을 깨달을 수밖에 없다. 배워야 할 것도 정말 많고, 심지어 죽음에 대한 암시까지 주입받고 있을지도 모른다. 이런 복잡한 생명체가 가끔 까르륵 웃음을 터뜨리는 것 이상의 일을 하고 싶어질까?

안타깝게도 현대 사회는 우리를 꼬드겨 계속 까꿍 놀이를 하고 싶어 하는 명랑한 거인 같다. 텔레비전 광고, 파티, 친구, 매체, 이 모든 것들이 작당하여, 훌륭한 일을 하면서 잘 적응하고 낙관적이며 쾌활한 기분으로 사는 것이 정상이라는 식으로 은근히 암시한다.

우리는 삶이 병원이 아니라 말기 환자를 위한 호스피스 시설이라는 것을, 인간은 죽을 운명이고 병든 존재임을 인정해야 한다. 매 순간 불안이 우리를 따라다니며, 우리는 한없이 나약하며, 항상 새로이 실망스러운 현실 앞에 서 있다는 사실을 깨달아야 한다. 남들에게 절대 '잘 산다'고 말해서는 안 된다. 우리가 재정적으로나, 연애로나, 평판으로나, 실존적으로나 위기에 처해 있다는 사실이 자동으로 전제되어야 한다. 그게 우리 인간의 모습이기 때문이다. 우리가 더 밝고 활기찬 인간이 될 수 있다는 광고판의 암시를 근절해야 한다. 심지어 우리는 휴가 중에도 비참해질 것이며, 삶의 여러 측면에서 '잘' 해낸 순간에도 대부분 어찌할 바를

프랭크 톨, 〈절망〉, 1881년

모를 것이다. 우리는 스스로가 밉고, 대부분의 문제에 대해 그때 다르게 했으면 좋았을 거라고 생각한다.

우리에게는 감정적으로 우리를 웃게 하려는 사회가 아니라, 우리가 정한 조건에 맞춰 우리를 받아들일 준비가 되어 있는 사회가 필요하다. 내면 깊이, 특히 새벽 네 시 돌연한 두려움에 휩싸여 잠에서 깨었을 때 삶의 본질을 이해하게 된다. 인생이란 절망스럽고, 불안하며, 끊임없이 흔들리고 조마조마하며, 늘 의문으로 가득하다. 우리 진화의 다음 단계는 스스로에 대해 알고 있는 것을 받아들이고 이를 바탕으로 사회를 구축하는 일이 될 것이다. 이 사회는 그 안에 담긴 진정한 심리적 복잡성을 수용할 용기를 가진 사회여야 한다.

3 ── 기술로 인한 고뇌

우리는 삶이 늘 지금처럼 그럭저럭 흘러가리라 믿었다. 지금껏 모질기는 했지만, 항상 그랬던 일이니 앞으로도 영원히 그러리라 생각했다.

하지만 현대적이 된다는 것은 시간과 약간의 운만 있다면 상황이 개선되리라는 사실을 아는 것이다. 과학 덕에, 그리고 똑똑한 사람들이 우리가 지금껏 정복하지 못한 문제를 결국 해결할 것이므로, 세상은 발전할 것이다. 이는 우리의 관점에서 지난 역사를 되돌아보기만 해도 입증되는 사실이다. 시간이 흐름에 따라 사람들은 치과 질환을 치료해 냈고, 하늘을 나는 법을 알아냈고, 거리의 장벽을 극복하는 법을 배웠다. 그러니 다른 문제들도 해결되리라는 데 아무런 의심도 하지 않는다. 시간만 주어진다면 우리는 다른 행성에서 사는 법을 배우고, 머리털을 풍성하게 자라도록 할 것이며, 암을 치료하고, 의식을 설명해 낼 것이고, 거의 아무런 비용도 들이지 않고 에너지를 만드는 법을 알아낼 것이다. 기발한 공상에 젖어 있다면, 여기서 더 나아갈 수도 있다. 누구와 결혼해

알베르 로비다,
〈서기 2000년에 오페라 관람을 마치고
나오는 모습〉, 1902년.

야 할지 알려주고, 다른 사람의 생각을 읽는 방법을 알려주는 기계가 나올 것이다. 우리가 잘하는 게 무엇이고 그에 따라 어떤 방향으로 진로를 정해야 할지 결정해 주는 방법이 나올 것이다. 전 세계의 지식을 몇 분 만에 목뒤 쪽에 연결된 케이블을 통해 다운로드하는 방법도 나올 것이다. 그리고 우리는 죽을 필요도 없을 것이다.

현대의 여명기로 돌아가 보면, 과학소설 작가들은 미래를 예측하는 능력이 있었다. 그들은 잠수함, 휴대전화, 우주선, 번역, 텔레비전이 있는 세상을 그려냈다. 그들은 특히 하늘을 나는 자동차에 관심이 많았다.

누군가는 그들의 포부를 보고 웃었을지도 모른다. 하지만 미래에는 문제가 해결되리라는 꿈을 품는 것은 현대의 자연스러운 마음가짐이며, 결코 어리석은 일이 아니다. 대부분의 기술적 꿈은 실현될 것이다. 다만 그 시기가 언제인가 하는 것이 중요하고 고통스러운 부분이다.

우리는 더 나은 미래를 향해 나아가고 있지만, 정작 우리 자신은 좋게 말해 '과도기'라 할 수 있는 시기에 머물러 있다는 사실 또한 인정해야 한다. 순환하던 과거의 세상은 철폐되었고, 미래는 아직 오지 않았다.

피렌체의 메디치아 라우렌치아나 도서관에는 역사적으로 매우 중요한 지도가 하나 있다. '살비아티 평면구형도'라는 이 지도는 1525년경 세비야의 어느 공무원이 작성하였다. 그는 유럽, 아프리카, 중동에 대해서는 충분히 파악하고 있었지만, 아메리카 대륙에 도달한 시점에는 그곳에 대한 지식이 극도로 부족했다. 미국의 대략적인 윤곽은 알았지만, 지형적인 특징이나 명칭은 알지 못했다. 지도 제작의 과도기적 단계에 머물러 있었던 것이다. 언젠가 문제는 풀릴 것이다. 언젠가 누군가 태평양 해안에 도착하

여 바하반도의 해발 높이에 대한 정확한 정보를 보내줄 것이다. 언젠가 인공위성이 지구 궤도를 돌며 페루 안데스산맥의 라 링코나다 마을을 마지막 1제곱센티미터까지 현미경처럼 정확하게 파악한 정보를 보내줄 것이다. 하지만 1525년 당시에는 반쯤 무지한 채로 애태우며 사는 것 말고는 다른 선택지가 없었다.

우리는 수많은 지식 영역에서 살비아티 지도 제작자와 비슷한 처지다. 인간 뇌에 대한 이해 수준은 1525년 당시 세계를 파악하던 수준과 섬뜩할 만큼 비슷하다. 훌륭하게 탐사한 국가와 해안선이 있는데, 후두엽과 중심후회 영역은 16세기 초의 바이에른 알프스나 루아르강에 대한 이해에 버금가게 잘 되어 있다. 하지만 다른 영역에 대한 이해는 예전 알래스카와 칠레처럼 아직도 요원하다.

신경과학 분야에 있어서, 우리는 아직 카누 정도를 만드는 단계에 있다. 항해를 견딜 만한 제대로 된 선박을 띄워 보지도 못했다. 쥘 베른처럼 재미있는 백일몽에 빠져들 수는 있지만, 제아무리 흥미 있는 예측이라도 더 심오하고 고통스러운 통찰을 피할 수는 없다. 즉 지금 읽고 있는 이 예측들이 실현되기까지는 오랜 시간이 걸릴 것이며, 우리는 그 혜택을 누릴 수 없을 것이다. 언

살비아티 세계 지도, 1525년.

젠가는 마음의 지도가 완성될 것이다. 우리의 신경을 조종하고 지성을 최적화하는 길이 열릴 것이다. 사랑이 왜 그렇게 힘든지, 그리고 어떻게 삶을 살아가야 할지 알게 될 것이다. 세포 손상을 되돌리는 방법과 노화를 방지하는 최적의 기술을 발견할 것이다. 마침내는 죽지 않는 방법을 깨칠 것이다.

하지만 우리에게는 너무 늦은 일이다. 우리는 이미 한참 전에 죽을 것이다. 백신이 마련되기 전에 홍역으로 사망한, 에어백이 개발되기 전에 치명적인 교통사고를 당한, 계산기가 나오기 전에 산수를 해야 했던, 에어버스가 만들어지기 전에 희망봉에서 난파당한 그런 운 없는 사람들과 비슷한 처지가 될 것이다. 우리가 오늘날 슈퍼마켓에서 단돈 1달러면 살 수 있는 알약으로 퇴치할 수 있는 질병 때문에 고통받다 사망한 중세 시대의 빈민을 가엾게 여기듯 미래의 사람들도 우리를 안타까워할 것이다. 현재 우리가 겪는 고통은 시간이 지나면 확실히 피할 수 있는 것으로 여겨질 것이며, 그건 그 자체로 안타까운 일이다.

현대 사회에서는 우리가 겪고 있는 고통이 '필연적'인 것이 아니라는 인식을 갖게 된다. 고통은 필연적인 것이 아니며, 단지 우리 인간이라는 종이 그것을 전부 이해하고 해결할 만큼 충분한 시간을 갖지 못했을 뿐이다. 치통은 한때 필연적이었지만 지금은 딱히 그렇지 않다. 우리는 아직 계산을 다 못 끝냈을 뿐이고 실험을 다 마치지 못했을 뿐이다. 앞으로 다가올 일을 알긴 하지만, 그것을 살아서 누리지 못하리라는 슬픈 사실도 분명히 알고 있다. 우리는 플러그로 몸과 연결하는 교육 도구와 진로 안내용 이식 장치를 경험하지 못할 것이다. 모발 재생 크림과 영생을 보장하는 알약도 놓칠 것이다. 우리는 수많은 영역에서 나름의 중세 시대에 살고 있는 셈이다. 다만 자신들이 성서의 저주를 견디고 있다고 생각하며 고뇌에 휩싸였던 13세기의 사람들과는 달리, 실험실에서 시제품이 나오길 기다리는 과도기에 살고 있다. 현대만의 특별한 고뇌는 더 나은 미래의 형태가 보인다는 데서, 고통이 필수 불가결하지 않다는 사실을 알고 있다는 데서, 수평선 위 구조선을 발견했지만 구조대가 도착할 때쯤에는 이미 죽어 있으리라는 점을 인식하는 데서 온다.

4 ── 삶의 의미

이 모든 점을 고려할 때, 우리의 에너지를 어디에 쏟아야 할지 궁금해진다. 더 많은 자본을 축적하라는 지속적인 압박이 있지만, 인간 본질과 고귀함에 더 부합하는 원대한 계획이 있다. 바로 지식 추구다.

현대화를 주도한 것은 지식이었고, 아직 갈 길이 멀다. 알아야 할 것들이 아직 많이 남아 있다. 우주는 처음에 왜 질서정연했고 엔트로피는 어떻게 시작되었는지, 광자와 암흑 에너지는 어떻게 작용하는지, 생명은 어떻게 시작되었는지(더불어 생명을 활성화시킨 화학 과정은 무엇이었는지), 캄브리아기 초기에 다세포 동물이 폭발적으로 번성하고 분화한 원인은 무엇인지, 동물의 귀소 본능은 어떻게 작동하는지, 태양에너지를 어떻게 동력원으로 활용할 수 있는지, 그리고 특히 인간의 뇌는 어떻게 작동하는지 알아야 한다.

우리는 여러 면에서 불쾌감을 일으키는 생물종이다. 하지만 우리의 척추 꼭대기에 있는 1,260세제곱센티미터의 물체는 지금껏 생성된 것 중 가장 귀중한 물질이다. 인간의 뇌는 우주를 목격하고 해석할 수 있는 유일한 물질로서, 이것이 올바르게 이해된 뇌의 운명이다.

우리는 우리의 목적에 대해 혼란스러울 수 있다. 하지만 인간이라는 생물종이 처해 있던 본질적 수수께끼에 대해 탐색하려 작고 사소한 것이라도 시도하거나, 그것을 알아보려는 사람들에게 어떤 식으로든 도움이 되는 한, 모든 삶은 확실한 가치를 지닌다. 인간은 알고자 하는 동물이다. 현대는 혼란의 시기일지 모르나,

인간 커넥톰 프로젝트는 우리가 이해하고 있는 뇌 영역의 연결 관계를 지도로 그려 보여준다. 나머지 부분은 어둠 속에 머물러 있다.

필연적으로 나아가야 할 미래의 방향은 분명하다. 쳇바퀴처럼 주기적으로 돌고 도는 상황 속에서 계속 고통받는 것이 아니라, 우리가 가진 고도의 잠재력에 맞추어 보다 섬세한 방식으로 근본적인 어둠을 조금씩 밝히고, 현대의 위험에서 벗어날 방법을 알아내는 것이다.

**현대 사회
생존법**

개정판 1쇄 발행 2025년 5월 7일
개정판 2쇄 발행 2025년 9월 19일

지은이 알랭 드 보통·인생학교
옮긴이 최민우
펴낸이 정은선
펴낸곳 스피어인
출판등록 제2025 - 000020호
주소 서울특별시 창경궁로 253-7, 2층 61호
이메일 biz@spherein.co.kr
ISBN 979-11-992034-0-2 03300

* 잘못 만들어진 책은 서점에서 바꿔드립니다.
* 이 책의 전부 또는 일부 내용을 재사용하려면 사전에 저작권자와 스피어인의의 동의를 받아야 합니다.